清永賢二編

世界のイジメ

イジメブックス
イジメの総合的研究
6

信山社

刊行のことば

編集委員代表　作間忠雄
明治学院大学名誉教授　聖徳大学教授

イジメの問題は、遠い昔から生物の世界に存在してきたものと思われる。私たち人類の世界も例外ではない。人類が他の生物に比較して、圧倒的に文明の上で進歩した現在でもイジメはなくならない。そして恐らく将来もなくならないだろう。それにしても現在の私たち日本社会のイジメ現象は異常である。このシリーズの第六巻では「世界のイジメ」について取り上げているが、今日の日本のように学校内外におけるイジメの一般化とイジメによる自殺が多い社会は見あたらない。

さて、イジメはイジメられた子どもを死に追いやるだけでなく、多数の不規則な欠席・保健室登校・不登校・転校・退学などの問題を生んでいるし、イジメの延長といえる殺傷事件を含む非行、その反対にイジメられる子どもがイジメる側に回ったり、イジメに報復したりするという問題も呼び起こしている。「子どもは学校に行って勉強しなければならない」という考えが、子ども自身や親の自発的なものであれば問題ないが、日本のように就学が単に法律で強制されているだけでなく、学校に行かない子どもとその親は「仲間はずれ」になるという考えが強い共同体意識となっている社会で、「学校に行けばイジメられ、殺される」という現象は、まことに「オゾマシイコト」といわなければならないだろう。

これまでイジメの問題は、イジメられる子どもとイジメる子どもの性格や家庭環境などの問題として、主として子どもや親についての心理学・精神医学・家族社会学などの分野で扱われてきた。またその後、学校教育の問題として、知識偏重の詰め込み教育、がんじがらめの校則重視、官僚的な授業や学校経営のあり方など、教育学などの分野でも取り上げるようになった。それら自体は当然の成り行きで、今後さらなる研究の促進と実態の改善に期待したい。

しかし、イジメの問題を考えてみると、例えば、①「なぜ最近、八〇年代以降の日本の社会でいろいろなイジメが急速に広まったのか?」、②「なぜ学校でイジメが急増したのか?」、③「イジメる子ども・イジメられる子どもは家庭でどのように育てられてきたのか?」、④「父母や兄弟たちはどんな生活をしているのか?」、⑤「日本の親や社会は子どもについてどのように考えているのか?」など、問題の所在がどんどん広がっていき、とても対症療法だけでは済まないように思われてくる。

この頃、臨床の医者は、肝臓・腎臓・心臓などの慢性的疾患を「生活習慣症候群」と捉えて、過度の飲酒、偏った飲食、過労、運動不足などの生活習慣に目を向け、患者自身による改善を勧めるようになったという。「元を断《た》たなければダメ」なのである。

ところで昨年の神戸市の少年殺人傷害事件は、その原因が少年の特異な素質や家庭環境などにあると見られ、普通のイジメのように一般化して考えるケースとは違うように扱われている。しかし、もし彼の「行為障害」が、ホラー映画や漫画のヴァーチャル・リアリティ（仮装現実）や家庭・学校教育のあり方に、さらに現在の日本の社会環境に触発されているとすれば、両者はどこか根元でつながっているかも知れない。

ところで今年に入って三月までの短期間に、一方で、①「先輩から大金を脅し取られた」との遺書を残したイジメ自殺が再発した。また、②以前のイジメっ子が逆襲されて、ナイフで一人を刺殺した事件が起き、イジメとナイフがつながった。他方、③叱られた女教師を刺殺する重大事件が発生し、教師を敵視する子どもが少なくない実情が明らかになった。また、この事件以後、まるでナイフが解禁されたかのように、④友人・店員などにナイフを振るう事件が続発し、ピストル欲しさに警察官を襲う事件まであり、さらに、⑤息子二人とその友人が父親を殺す事件まで起きた。すでに小学校低学年から「学級崩壊」が進んでいるとも聞く。これら一連の子どもの「爆発」と「凶悪化」には、教師も親も社会もアッケにとられている。折しも不況・閉塞のさ中、戦後五〇年が空しくなる気持ちさえする。ついに文部省は「少年事件は学校だけでは対処できない」と、警察等との連携を促し始めた。確かに神戸の少年事件は、ヴァーチャル・リアリティの「ナイフ殺人」を現実化したかも知れない。しかし、「キライなことはキライなんだ」、「我慢などイヤだ」と級友をイジメたり、すぐにキレてナイフに頼る子どもが生まれた原因を分析したり、子どもを窒息させ、しかも発散するアテのないいまの「構造的なストレス」を鋭く指摘する意見もある。このシリーズではこれら最近の現象には直接触れることができないが、共通する問題点について基本的な取組みはなされていると考える。

このシリーズの執筆者は、皆このような気持ちで執筆に臨まれている。病気には先ず対症療法が必要であると同時に、予防や再発防止のため生活習慣や体質の改善も重要なように、私たちは少なくともイジメの総合的な診断と治療を目指して、このシリーズに取り組んできた。

もちろん現状では、研究分野によってその到達段階はさまざまであるし、このシリーズの執筆にあたって共同研究を行う時間を多くはとれなかったが、私たちがイジメ現象が一段落したかのようなこの時期に、あえてこのシリーズを刊行するのは、今こそ「イジメの実証的・総合的研究」をまとめておく必要性を痛感するからである。「イラつき」、「ムカつき」、「キレる」子どもたちからのシグナルをどう受け止めるか。このシリーズがその問題提起になれば幸いである。なおこのシリーズは不十分ながら、父母・教師・子どもたちはもちろんのこと、今閉塞の中に囚《とら》われている多くの日本人に読んでもらうために、専門書ではなく、一般向けの気軽に手に取れる本を目指したつもりである。

最後にこのシリーズの各巻の編集を引き受けられた諸先生および執筆された先生方に、また出版について終始お世話になった信山社の村岡侖衛氏に、厚く感謝申し上げる次第である。

一九九八年二月

清永賢二編　世界のイジメ

もくじ

もくじ

6　オーストラリアのイジメ ……………… 鳥倉真砂代　122

7 中国のイジメ

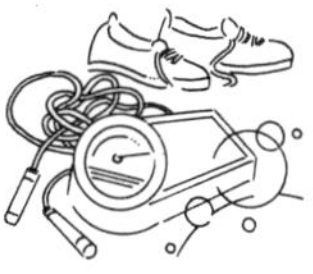

執筆者・翻訳者紹介（執筆順、肩書きは一九九八年三月現在）

清永賢二（日本女子大学教授）
尾田清貴（日本大学助教授）
清永奈穂（ＳＴＥＰⅡ研究所主任研究員）
小玉亮子（横浜市立大学助教授）
トム・ムージ（オランダ・応用社会科学研究所上級研究員）
山口理恵（日本女子大学教育学科助手）
鳥倉真砂代（日本女子大学大学院博士課程前期）
桑　標（上海華東師範大学教授）
陸樹芳（日本女子大学大学院博士課程前期）
李漢教（江原大学教授）

カット　与儀勝美

1 日本のイジメ

清永 賢二
日本女子大学教授

一 はじめに——日本のイジメ問題を述べるに当って

世界のイジメを考えようとする背景には、少なくとも二つの希望がある。

一つは、世界という窓を通して見た時に、日本のイジメにもまた別な見方が生まれ、そこから新しい解決策が見つかるのではないか、という希望である。二つ目は、世界のイジメを少しでも理解することで、今、日本を含めた世界の子どもたちの間に広がりつつある様々な病理的問題に対し、その克服のための地球規模の連携の輪に、私たちも今まで以上に積極的に加わることが出来るのではないか、という希望である。

逆にいえば、日本のイジメは、もう日本の中だけで理解するのは困難であり、その解決策も見出しにくいところまで、問題が深化してしまっているということでもある。世界の多くの人の知恵が寄せ集められねばならない。

こうした思いを背景にして世界のイジメを語る最初の章として、本章では、日本のイジメについて簡単に述べてみたい。

それは、日本も世界を構成する国の一つだ、ということからでもある。また、先に述べたように、さまざまな様相で吹き出ている日本のイジメの何を本当に問題にしなければならないのか、ということを世界を通して再確認するための前段階としてでもある。

すでに、日本のイジメの全体像は、本書も含む一連のシリーズの本の中で、さまざまな角度から具体的に述べられている。

本章は、これらの本との重複を避けながら、私たちの周囲の日本のイジメ問題の深部を克服するためには、今、世界のイジメの何を知らねばならないか、ということを「世界という窓」を通して知るために書かれている。

二　世界の片隅で起きた少女の死

ある日、ふっくらとした優しい顔立ちの一二歳の少女が自殺した。

少女は、社会奉仕活動に関心を持ち、将来は、老人や幼い子どもたちのために、何かをしたいという夢を持っていた。

少女には、二人の女の子の友だちがいた。実際には、彼女は、この友だちから、逃れたかったのだが、逃れることのできなかった友だちだ。

少女は、昨年の夏から執拗にこの二人の友だちから金品を奪われ、商店でモノを盗むよう脅され、学校帰りを待ち伏せされて乱暴された。時には、お金を隠しているのではないかと、髪の毛の中まで探られた。少女が、先生や親そして周囲にそのことを告げると、後で一層のイジメを受けことになった。

しかし、そうしたイジメっ子とイジメられっ子の関係は、周囲からは「仲の良い友だち」としか見られていなかった。

ある日、少女は、自分がされたことを中心に、二人の女の子の問題な行動を家庭裁判所で証言した。しかし、証言したこと自体が、また、次の恐ろしいイジメを呼ぶのではないかと幼い心を震えさせた。

少女は、このままでは、自分の人生は一生脅されての人生で終わる、と絶望に駆られた。

少女は自分を可愛がってくれた祖父母に挨拶に出かけた。また、大好きだった叔母さんたちにも会った。そして、一〇〇錠もの鎮痛剤を飲んで自殺した。

夫と離婚して一人で少女を育てていた母親の手元には、母の日に送られた娘からの手紙があった。

お母さん。私は、これまでに随分とお馬鹿なことをしてきました。だけど、もうしません。なぜなら、あなたを悲しませたくないし、あなたがいつも私の側に居り、私を見守ってくれているからです。

これから、私は、新しい私として旅立ちます。

世界中で誰よりも何よりも大好きなお母さんへ。

（「The Express」一九九九年五月二六日号）

少女を自殺に追いやった二人のイジメっ子は、軽い処理ですまされ、今も街の中を自由に歩き回っている。

実は、この少女の死は、日本での事件ではない。残された手紙の内容から見ても、日本で起こった「あの事件だ」と記憶を呼び起こすほどに類似はしている。しかし、日本での少女の自殺ではない。

一九九九年五月二五日、イジメ問題の解決に精力的に取り組んでいるイギリスで起こった事件である。

少女の自殺という重大なイジメ事件が起こる過程、被害者や加害者の特徴、被害者が追い込まれて行く心理的な過程、周囲の反応、そして結果など。日本のイジメ事件と非常に良く似てはいるが、これはイギリスでの事件なのだ。

イギリスのマスコミは、即日、この事件をイジメ(Bulling)が原因となった、と厳しく指摘した。事件を知った人々も、大きく眉をひそめた。彼女をイジメた女の子たちが、今も街を自由に歩いているのは許せない。こうした社会の反応も、日本と全く同じだ。

この事件を通してうかがい知ることは、イジメは世界共通の子ども問題である、ということである。世界の文化や社会経済的な違いを超えて、二〇世紀が最後に残した解決困難な重大な子ども問題がイジメ問題なのだ、ということである。

今この時にも、世界のどこかでイジメのために自殺しようかと考えている子どもがいる。それは、決して他人事ではなく、日本の私たちの周囲の問題でもある。また、日本の私たちのイジメの問題は、世界の問題に深く繋がっている。

イギリスでの、一人の少女の死は、世界を超えた身近な問題としてイジメ問題があることを教えてくれる。

三 「世界の窓」を通して見るイジメ理解の困難さ

今やイジメは、世界共通の問題である。世界のどこで起ころうと、先の少女の死に見るように随分と似通った特徴があり、「イジメ」と言う言葉で括られる子どもの病に対し、共通の感覚と共感の眼差しで見つめることができる。

しかし、同時に「イジメ」を世界共通の言葉と考え理解することには、多くの問題がある。その一つの喩えとして、世界を震撼させた一つの事件報道を挙げることが出来る。

一九九九年四月二〇日、アメリカのデンバー。二人の高校生が、通っているリトルトン高等学校に銃や爆弾を持って乱入し、一挙に一三人の生徒や教師を殺害した。この事件の経過は、テレビ等のマスコミが実況中継し、アメリカだけでなく世界をリアルタイムで震撼させた。

すぐに始まった原因探しで、日本のマスコミは「イジメが背景にあった」と一言で「イジメ」報道を行った。

しかし、たとえばイギリスの報道では、日常的に我々が使用する「イジメ＝Bully」は全く使用されず、Persecuting と表現された。

元の言葉である Persecute の主な意味は「harass with cruel or opressive treatment」(WEBSTER) であり、Bullying は「to coerce by threats」と表わされる。

Persecutingでは「cruel＝無慈悲さ」が強調され、Bullyには「to coerce＝強要すること」が言葉の意味の中心となる。簡単に言えば、Persecutingは、Bullyに比較し、被害者への虐待あるいは迫害的な意味が濃くなり、状況によってはイジメよりも脅迫ということが強調される。しかし、日本の英和辞典（三省堂）では、二つの言葉の訳語は、この差が表現できないまま「イジメ」と表わされている。

デンバー事件に関するイギリスの報道は、Persecutingを使うことによって、Bullyでは表わすことの出来ないイジメ的「虐待行為」が乱射事件の加害少年たちになされていたのではないか、ということを表現したのである。

こうした表現から、日本では、「イジメ」としか報道されなかったことの問題性が強調されねばならないし、その報道を「イジメ」として日本で聞いた人々がどのような感想を抱いたかが知りたいところである。私たちは、「イジメ」という表現以外に、こうした極めて深刻な「イジメ状況」にある行動や心理的な葛藤を表わす適切な言葉を持たないのである。だから、デンバーの事件でのマスコミ報道は、Persecutingを日本の辞書に載っているように「イジメ」として伝えた。

しかし、虐待は、その中に一部イジメ的要素を持つかもしれない。しかし、虐待は虐待であり、虐待は即ちイジメではない。「イジメ」と一言では表現できない、「イジメ的虐待」があるのだ、ということだ。

この辺の整理がなされないまま、世界の「イジメ」を理解し共感しようというのは、多くの困難と誤解を生じる。この困難と誤解を埋める日本の「イジメ学」の発展の遅れは、確かなことだと認めねばならないだろう。

図１　イジメ世界の広がりと深さ

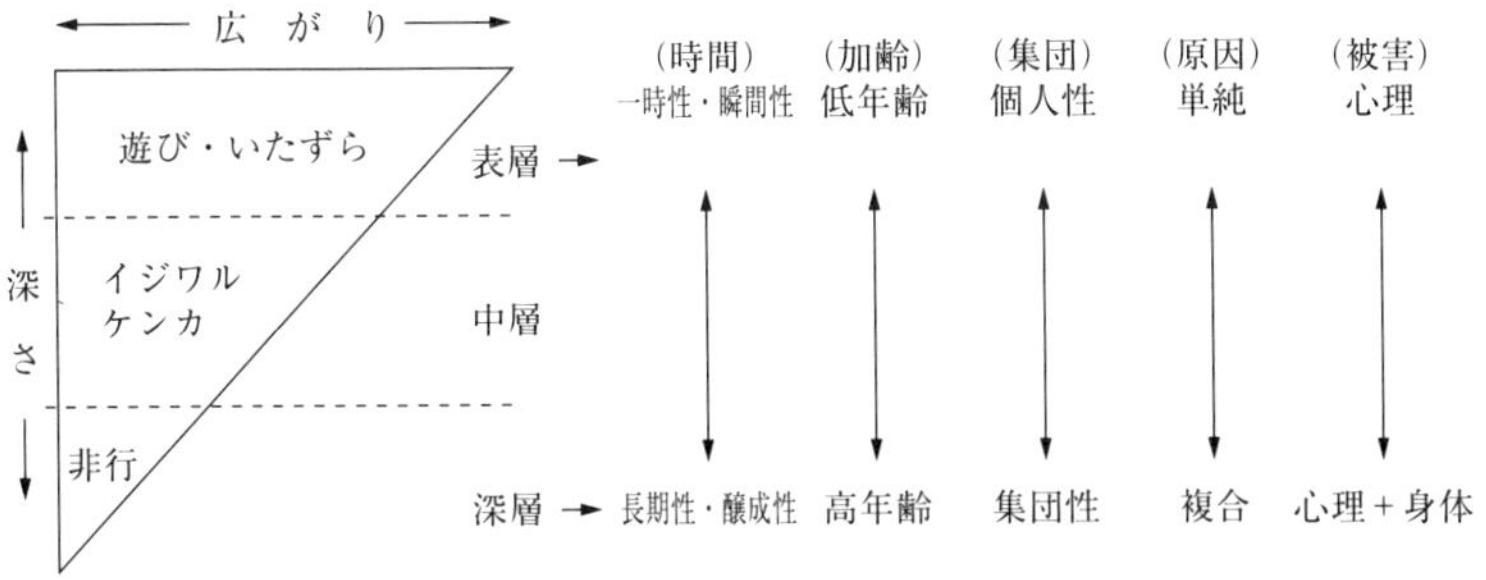

四　深さと広がりから見るイジメ問題

デンバーでの殺害事件は、私たちに「イジメ」と言っても、さまざまな様相のあること、その様相に応じた表現や取り組みの重要さを教えてくれる。例えば、こういうことだ。

現実のイジメには、様々な形態がある。少数ではあるが極めて重大なイジメから、日常的に発生する軽微なイジメまで多種多様である。このさまざまなイジメを全く同一の視線で切って済むものではない。事件として警察が扱うようなイジメもあれば、小学校の帰り道で待ち伏せして嫌がらせ的に投げつけるワルクチもある。

イジメには認知される量の広がり（多い―少ない）と質の深さ（悪質―普通、あるいは、問題の解決や被害の回復が困難―容易）の二つの側面があることに気づかされる。この量と質の二軸を組合わせることで、イジメは階層的に分類できる（図1）。

認知される量は多いが問題の質はさほど深刻でない表層のイジメ群。量は少ないが質的には極めて深刻な深層のイジメ群。そして、この表層と深層に挟まれた中層のイジメ群。

子供たちの学級で、普段に生じる悪口の掛けあい、ちょっとした物隠しなどは表層のイジメだ。一方、イジメが原因となった非行や自殺、さらにはデンバーの高等学校での殺人事件などは、明らかに深層に位置する。不登校は中層と深層の境界に位置し、両層を行き来する。

表層のイジメは、量は多く子どもたちの間に広がってはいるが、その解決は容易で、被害の程度も浅い。一方、深層のイジメは、量は少なく、その発生も特定の子どもに集中しがちであり、被害の程度は深い。場合に依っては、被害回復は絶対に無理（例えば、デンバー事件のように、被害者が殺害されてしまった）になる。

イジメは、このように多様であり、多層である。「イジメ」といっても、どの層のイジメを言っているのか、どのタイプのイジメを言っているのかを問題にしなければ、実際のイジメ克服に有効な診断と処方箋は書けないであろう。そのためには、やはり、以上のようなイジメの広がりと深さによって分類される異なった状況を表わす適切な「言葉」の創造が不可欠といえよう。

ただ、世界的に見た時に、厄介なことは、この表層、中層、深層の仕分けの基準が国々によって異なることだ。自転車を一寸したからかいのために隠す、という行為は日本では表層の位置に入るかも知れない。しかし、自転車が生活を支える重要な交通手段である国においては、遊び的なイジメではすまない深層レベル、の犯罪的イジメとなる。つまり、どういった行為を表層や深層に位置づけるか、もっといえばどういった行為を「イジメ化」（「イジメ」として判定）するかは、それぞれの国の人々を律する文化や社会経済的基準、言葉を変えていえば社会的規範の在りようによって異なるのである。「イジメ」は、今や先の自殺した少女の事例に見るように、世界に共通した普遍的な様相を帯び始めている。しかし、その基本には、やはり、あくまでもそれぞれの国による違い、個別的な事情が存在するはずだ。

この事情の違いは、国の違いによって、イジメ観、イジメを生み出す原因、イジメへの対応や取り組みなどの違いとなって現われる。ここに、国際的にイジメを共通理解し、イジメ問題を克服する行動を世界的な規模で共同選択することの困難さが生じて来る。

こうした国際的な共通理解の困難さなどの存在を踏まえた上で、なおかつ、イジメ問題克服のための国際協調を進めて行かざるをえないのが現状である。

五　世界のイジメを考えるための日本のイジメの特徴

どの様に似通ってはいても、世界のイジメは、そこに国々での人々の日常生活、日常的な文化や社会的規範の違い、つまり国々とそこに生きる人々の国民性という個性が存在する限り、基本的には異なったものである。

ただ、鏡があって自分の全身像を見ることが出来るように、世界という窓があって日本の特徴を眺めることが可能となる。逆に言えば、世界のイジメを考えるためには、まず、日本のイジメの特徴を述べておかねばならない。

日本のイジメが、今、どのような状況に在るのかを簡単に整理しておこう。

図２　イジメの発生件数

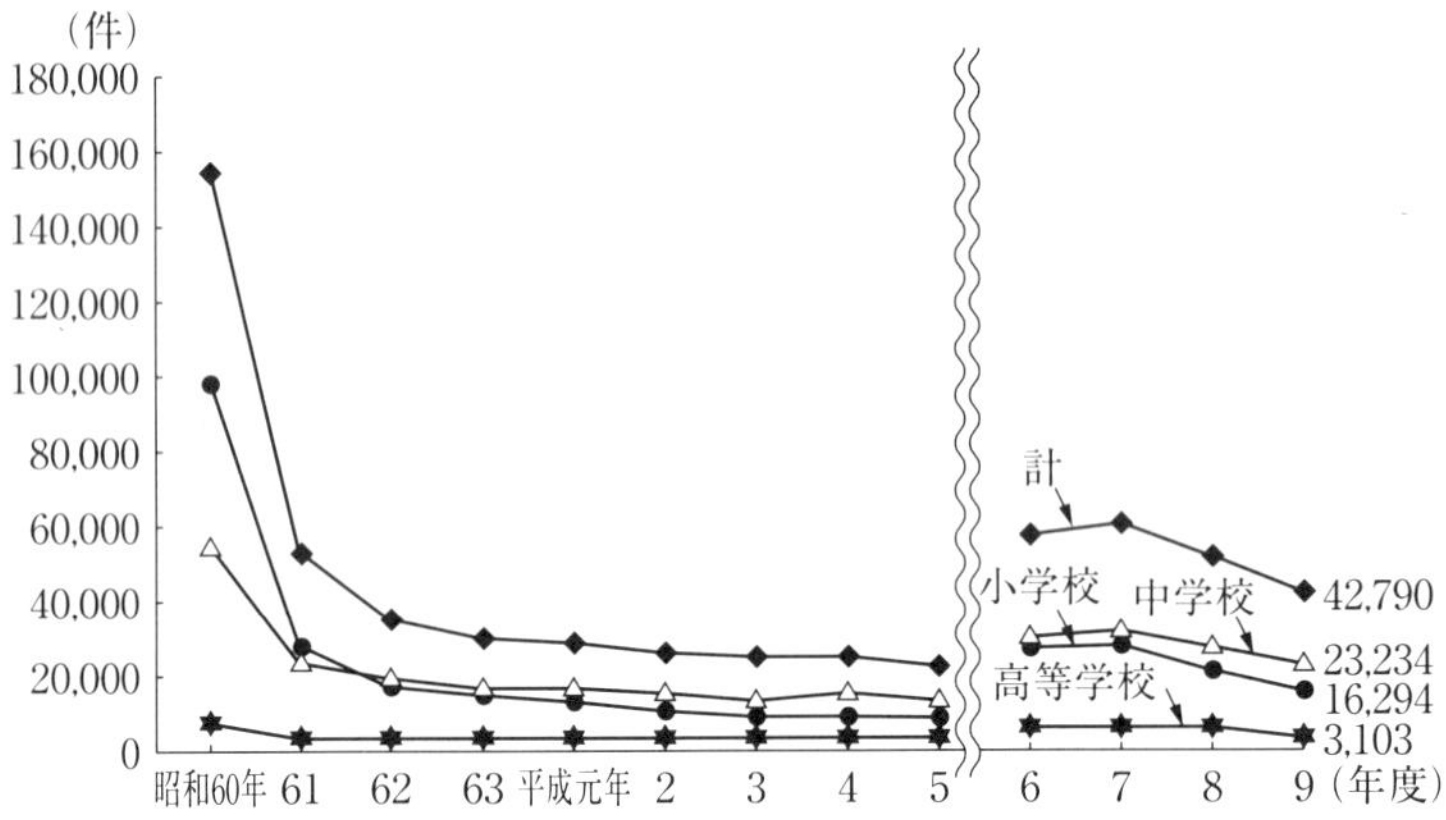

（資料）　文部省調べ。

1　慢性的子ども病としてのイジメ

現在、文部省が認知しているイジメ件数は一九八五年（昭和六〇年）をピークとして減少し、最近では低い水準で横這い傾向を辿っている（図２）。

しかし、それでも絶え間なくイジメは噴出する。全ての公立学校では、平均して、年間最低一校一件の割合で発生していると認知されている。中学校では一校二件だ。

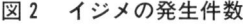

以上の傾向と特徴から見る限り、「イジメ」はもはや「学校」を中心とした慢性的子ども病であり、その根絶を図るよりも、むしろイジメ病とどう付きあって行くのか、という作法の確立の方が重要ではないかとさえ思われてくる。

また、警察が認知した公立学校の児童生徒による「イジメ」を原因とする非行件数について見て見ると、一九九六年では一六二件の事件となった。単純に計算してみると、警察が取り扱わねばならないほどのイジメ非行（加害や誘発などといった原因でイジメが関わった非行。以下、イジメ非行）は年間非行総件数中の〇・一二％、また、公立学校で認知された「イジメ」の〇・三二％を占めるにすぎない。

つまり、先に述べたイジメの中でも深層のレベルで扱わなければならない本当に問題なイジメは、一〇〇件の内の三件での割合で発生していると見られる。

また、同じ一九九六年に「イジメ」が引き金となって発生した自殺者も二人にすぎなかった（全公立学校の児童・生徒による自殺者数の一・四〇％）。

ここに示された一六二件と二件という数字が告げるのは、普段そうではないかと「感じさせている」ほどには、イジメを原因とする極めて深刻な問題行動は量的に広がっていない、ということである。

もちろん、以上の数字には、先生や警察官の把握できないイジメに関わった子どもや事件の数（暗数）も、種々な調査によって加えねばならない。そうした点を考慮に入れながら、こうした数値や割合が世界的に見て低いのか、逆に言えば、日本に限って世界的には高いのかといった点の検討が、世界のイジメとの比較の中でなされねばならないだろう。

2　イジメ加害少年の残虐性

たとえば、世界的に見れば、日本のイジメの発生は、低いのかも知れない。しかし、日常的に私たちが接するイジメは、それに関わった加害―被害の少年たちの相互の人間関係のやりとりを通して眺める限り、やはり重大視しなければならない状況にある。

イジメは、イジメを働こうとする子どもが存在することによってのみ発生する。逆に言えば、イジメを働く気持さえあれば、誰でも彼あるいは彼女のイジメの加害者になれるのだ。そのイジメを生じさせる子どもの心理的特徴として、次のような点があげられる。

たとえば、イジメを武器として非行を働いた少年たちの間で、加害少年たちは、年上―同年―年下に限らず、自分より弱いと分かっている、僅かな傷の故にイジメられっ子とラベルを貼られやすい相手に、個人または集団で、心だけでなく時として身体に対しても、むしろ苦しむのを楽しみながら、いたぶり襲いかかっている。

さらにまた、イジメ非行少年は、イジメられた被害少年について「かわいそう」と思い、かつ、自分のイジメで相手は「苦しんだ」という者（同情的イジメ派）が五〇％と半数を占めて多い（図3）。しかし、その一方で、「かわいそうだと思わなかったが、相手は苦しんだと思う」者（サディズム的イジメ派）が一六％、また、人数は少ないが「かわいそうだと思わなかったし、相手は苦しんではいない」（無感覚的イジメ派）や「かわいそうだと思ったが、相手は苦しんではいない」（いいわけ的イジメ派）もそれぞれ三から四％を占めて確実に存在する。

図3　イジメ心理から見たイジメっ子のタイプ

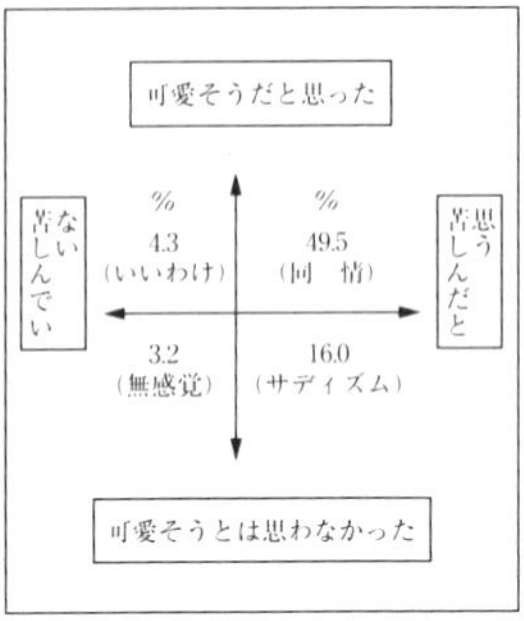

イジメ加害少年の心の中に潜む卑しむべきこうした動物としての人間の原初的な心理が存在する限り、イジメは発生し続ける。

イジメ加害少年のこうした心理的特徴は、日本だけのものなのか、そうであるならばなぜ日本だけにこうした特徴が生み出されているのかの検討が、世界との比較の中で早急になされねばならない。もし、世界的にこうした心理的特徴が認められるのであるならば、それが子どもに特有な心理なのか否か、といった点の検討がさらに進められねばならない。こうした追求が世界的になされることによって、本当のイジメ対策を進める知恵が蓄積されて行くに違いない。

3　イジメ仲間内での地位の可逆性

今の私たちの周りで生じているイジメを観察して気のつくことは、今日のイジメっ子は明日のイジメられっ子、今のイジメられっ子は明日のイジメっ子だということだ。つまりイジメでの立場あるいは地位の逆転が生じ易いのがイジメの人間関係の特徴だ。

例えば、今日のイジメは、イジメの輪郭が曖昧だ(何がイジメか分からないという非規則性、このイジメはすぐに別種なイジメになっているという変異性)、イジメを囲む子供の関係が曖昧だ(加害―被害―観衆―傍観者等の関係が入り乱れ、加害者が被害者化し被害者が加害者化するという地位の可逆性)、イジメの産出母体と産出過程が曖昧だ(何がどういった経路でイジメを産み出したか分からないという原因の不透明性、だから誰がどうやってイジメを止めたらよいか分からないという有責性の拡散)といった特徴を持つ。

ともかく私たちの周りで起こっている子どものイジメは、「曖昧」なのだ。特に、子どもにとって二番目の、自分がいつ被害者になるのか分からない、という恐怖が逆転して加害者へと誘い込んで行く。仲間に誘われてイジメなければ、自分が新たなイジメの対象とされてしまう恐怖が、子ども仲間を纏める一つの集団力学なのだ。

遊んでもらうためには、イジメっ子の言うことを聞かねばならない。仲間はずれにされイジメられないためには、イジメる以外にない。

また、それまでイジメられっ子であった子どもも、集団内の力学に乗れば容易にそれまでのイジメっ子に復讐を遂げることができる。イジメっ子も十分にそのことは知っている。その恐怖が、よけいにイジメっ子をイジメへと駆り立てる。

私たちの周りの子どもたちは、全てが相対化されている。勉強は偏差値だ。運動会での駆けっこは、早いもの順、あるいは、遅いもの順に並んでの皆同じ位の能力の中でのヨーイ、ドンだ。子どもたちのイジメも、絶対的なイジメっ子はいないし、永遠のイジメられっ子もいない。

こうした特徴が、私たちの周りの子どもたちだけに見るものか、それとも世界の枠を通して見ると、それは世界の子どもの特徴なのか。イジメ問題を解く大きな鍵は、子どもの集団をどう見るかであり、子どもたち特有の集団力学をどう解析するかだ。その鍵の一つは、イジメの中にある。曖昧さを軸にしたイジメの地位の可逆性が日本だけのことなのか、それとも世界的な特徴なのかを解くだけで、私たちは、イジメ問題の根本的な解決に一歩近づくことが出来る。

六　おわりに

日本のイジメを通し、今、世界で何が分からねばならないか、どういった問題に答えねばならないかが見えて来る。逆に、日本を除く世界のイジメからも、今、私たちは何をせねばならないかが見えて来るに違いない。

こうしたやり取りの上に立って、私たちは、日本の個性に沿った新たなイジメ克服手法の開発を目指すべきであろう。

2 アメリカのイジメ

尾田清貴
日本大学助教授

一　はじめに――アメリカのイジメ問題を述べるに当って

銃犯罪や薬物中毒は、大人社会ばかりでなく学校を中心とした子供社会にも様々な問題を投げかけている。たとえば、一九九一年にミシガン大学によって実施された調査では、調査対象となった生徒のうち「学校でナイフや銃による傷害事件の被害に実際に遭ったことがある」と回答した生徒は、白人では五・三パーセント、黒人では九・六パーセント、また「学校でナイフや銃によって脅されたことがある」と回答した生徒は、白人では一五・三パーセント、黒人では二〇・二パーセントであった(U.S. Department of Education, National Center for Education Statistics, The Condition of Education, 1993, p. 130)。

連邦教育省が一九九一年に実施した調査では、調査対象となった高校の最上級生の四四・一パーセントが

「薬物を使用した経験がある」と回答し、八八・〇パーセントが「飲酒経験がある」と回答している（U.S. Department of Education, National Center for Education Statistics, The Condition of Education, 1992, p. 118)。

また、今日のアメリカの学校生活を特徴付けるものは、暴力犯罪の増加である。一年間に約三、〇〇〇、〇〇〇件の犯罪が、学校付近で発生し、これは実に登校日の六秒に一件の割合で暴力犯罪が発生していることになる。この傾向は、全米的なもので、National School Boards Association（NSBA）が全米の学校区の八二パーセントについて調べた調査では、過去五年間に校内での暴力が増加しており、致命的な武器を利用した暴力犯罪の増加が特徴的であるとしている。六〇パーセントを超える学校区で生徒が武器を不法に所持していることも報告されている。

さらに、不登校は、問題行動の最初の兆候ともいわれるが、若者にとってはその将来を諦めるかまたは失う最初の指標となっているのである。調査結果は、不登校を始めたり、結局は学校をドロップアウトする生徒は、将来性のある市民になるのに長期にわたって自ら不利な状態におくことになることを示している。高校でドロップアウトした者では、無事に卒業した者と比べると生活保護受給率が約二・五倍になっている。一九九五年には、高校をドロップアウトした者では、高校を卒業した者に比し約二倍の失業率であった。そして、賃金でもドロップアウトした場合は、低いのが現状である。不登校や結果としてドロップアウトする生徒もまた自らを苦しい生活に置くことになる。また、不登校は犯罪への入り口でもあるとされ、犯罪のシーズ（種）ともいわれている。犯罪少年における不登校中の者の占める割合は、昼中の強盗やバンダリズムで高い割合を示している。

たとえば、マイアミでは一九九五年で、一三〜一六歳の刑法犯で起訴された者の七一パーセントが不登校中の者であった。ミネアポリスでも昼中の犯罪が減少したといっても不登校中の者によるのが六八パーセントであり、サンディエゴでも少年による暴力犯罪の実に四四パーセントが午前八時三〇分から午後一時三〇分の間に起きていることからも不登校及び怠学は重要な問題となっている。

こうした、深刻な青少年問題や学校問題を背景にして、アメリカのイジメは発生しているのである。そのことが、大きく、アメリカのイジメを特徴づけることになっている。

二 イジメの現状

1 イジメの発生状況

アメリカの教育専門誌 Education Week（"Beating The Bullies."Education Week on the WEB. Aug. /Sept. 1997）によれば、規模は大きくないものの最近の調査では、「学校でいじめられた経験がある」と答えた生徒の割合は、調査対象者の一〇〜二四パーセントであるとし、日本・カナダ・イギリス・フィンランド・アイルランド・オーストラリア・スペイン・オランダ・ノルウェーでの調査でも調査対象者の約一五パーセントがイジメによる被害経験を有すると報告している。

また、イジメは、小学校の時に始まり、中学校でピークを迎え、高校では減少する傾向にある。身体的な脅しよりは口頭や精神的な脅しが、イジメの手法として用いられている。級友の組織的で長期にわたる「イジメ」と生徒が日々の学校生活で仲間から受けるより広がりのある手当たり次第の「嫌がらせ（harassment）」との間には微妙な違いがあるとも述べられている。というのも、現代の学校生活の場では、嫌がらせの中傷や噂が溢れており、そのほとんどが口頭でなされ、また概して感情を傷つけるものであると、ニューヨーク州、Hempstead にある Hofstra 大学教育学部長の Shakeshaft は分析している。

図1　被害体験率

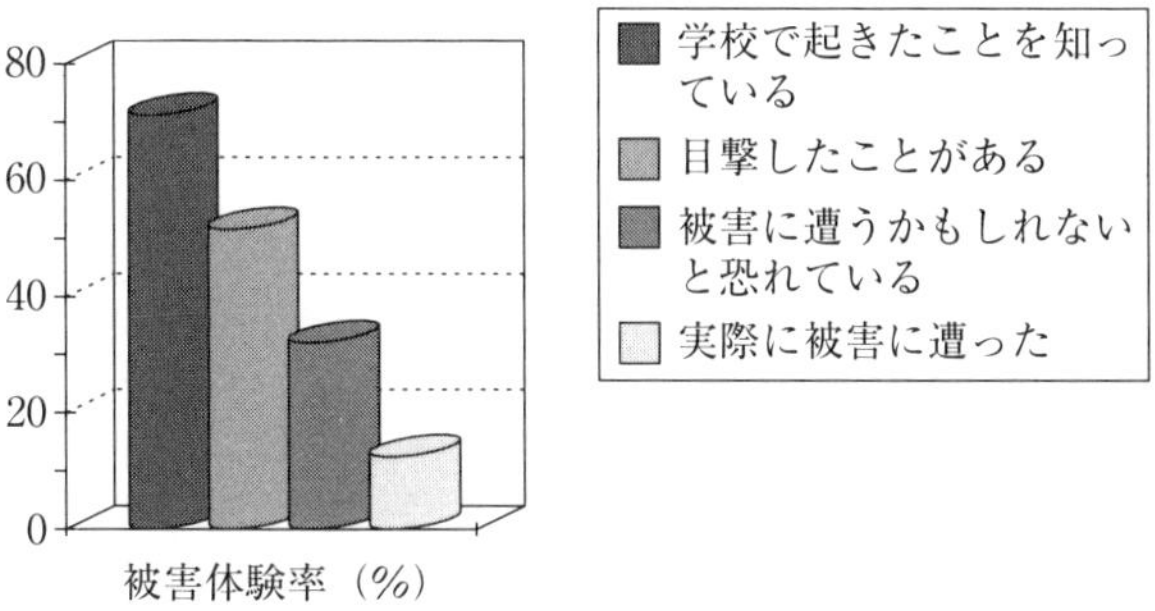

一九九六年九月に連邦教育省と司法省は、『安全で薬物のない学校を創造するために——行動指針（"Creating Safe and Drug——Free Schools: An Action Guide" Sept. 1996）』を発表したが、その中に一九九三年全米家庭教育調査（NHES・93）の調査結果が一部掲載されている。この調査は、一九九三年一月～四月の間に、直接電話インタビュー調査の方法を用い実施されたもので、五〇州及びワシントン特別区の六三、八四四世帯を無作為抽出し、その内、第六～一二学年の生徒六、五〇四名について分析している。

調査項目は、学校又は学校までの行き帰りにおける、①イジメ（繰り返し行われる脅しや傷害）、②あらゆる種類の身体的攻撃・強奪（力ずくか力の脅威により物を奪われること）について、「学校で起きたことを知っているか」「目撃したか」「自分自身に起きるかもしれないと恐れているか」「実際に自分自身に起きたか」であった。

図 2　認知率

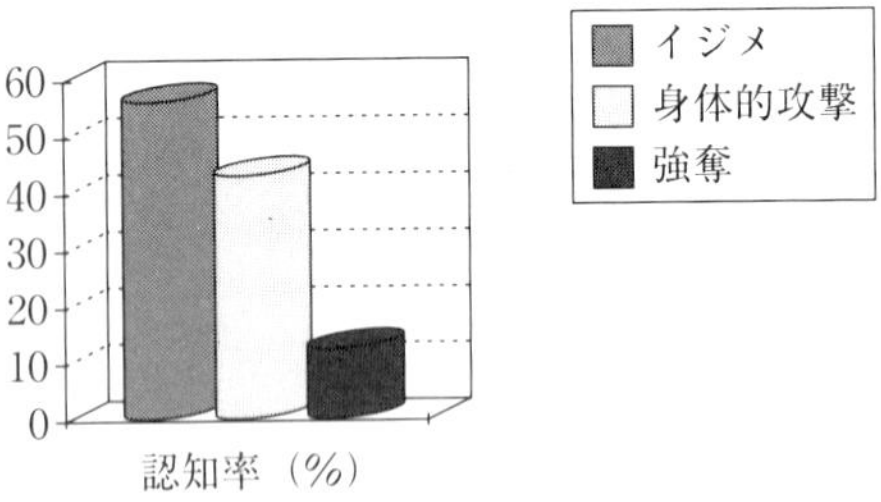

図 3　実際の被害体験率

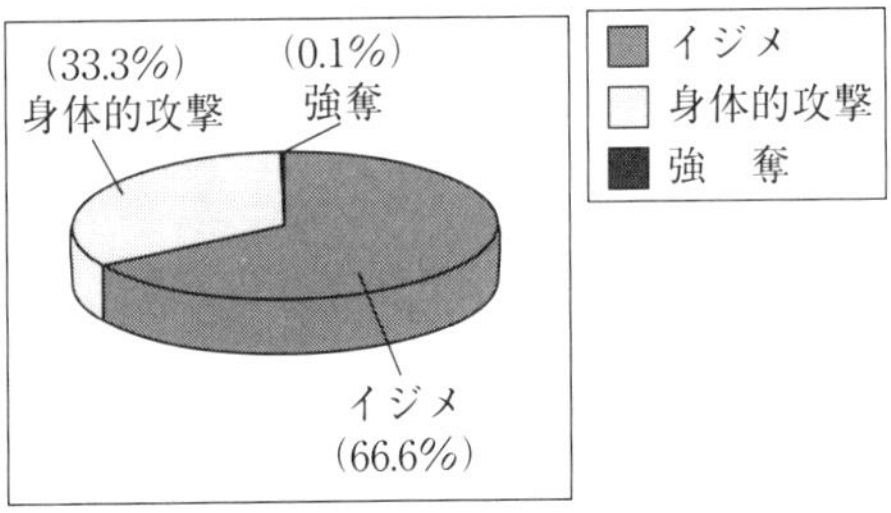

図 4　学校種別にみた被害体験

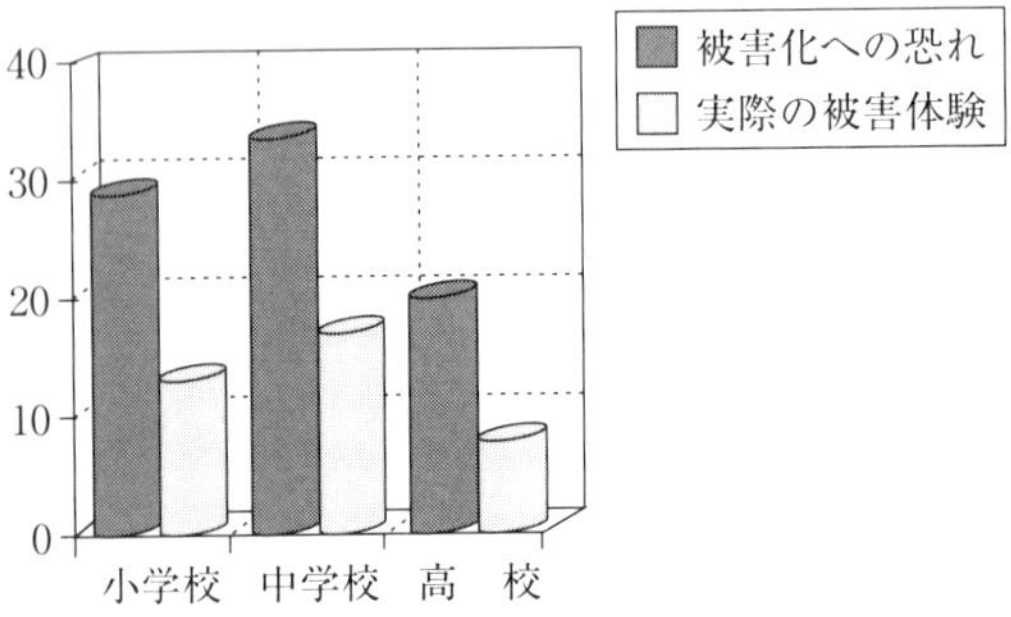

調査結果は、七一パーセントの生徒が、学校で起きたことを知っており、五六パーセントが目撃し、二五パーセントが被害に遭うかもしれないと恐れており、実際に被害に遭った生徒は一二パーセントであった。

「学校で起きたことを知っている」と答えた生徒にどの様な行為について知っているかを尋ねた結果は、イジメが五六パーセントと最も多く、次いで身体的攻撃が四三パーセント、強奪が一二パーセントであった。

「実際に被害に遭った」生徒に、どの様な被害に遭ったのか尋ねたところ、イジメが六六・六パーセント、身体的攻撃が三三・三パーセント、強奪が〇・一パーセントであった。また、「身体的攻撃」については、約三〇パーセントの生徒が目撃し、約一〇パーセントの生徒が被害に遭うかもしれないと恐れている。

被害体験を学校種別で見ると、被害に遭うかもしれないと恐れている率も、実際に被害に遭った率も中学校でそれぞれ三四パーセント、一七パーセントとともに高く、実際に被害に遭った率はいずれも被害者化への恐れがあるとする割合のほぼ半分となっている。

また、被害体験は、私立校よりも公立校で、また小規模校よりも大規模校で高くなっている。前者は、在籍している生徒の家庭の社会経済的レベル及び子弟に対する教育的関心の高さとその学校が生徒に提供している教育及び躾プログラムの内容と、さらには、教師を含む学校関係者の生徒の学校生活への関与の度合いの違いが影響しているものと思われる。後者については、在籍している生徒の数と教職員の数のバランスの問題と教職員による管理可能性の程度による差、及びイジメの匿名性の頻度の違いによるものと思われる。生徒数が少なければ、一人当たりの教師が目配りできる質が高まるが、増えると質が落ちるものと考えられるからである（"Student Victimization at School" Oct. 1996)。

この調査では明らかではないが、公立学校でも、都市のダウンタウンを校区にする学校と郊外のベッドタウンを校区とする学校では、イジメなどの発生率が異なると予想される。また、メルティングポットと形容される多民族・多人種からなっている国柄を反映し、ギャング・グループの形成に見られるように異なった人種・民族に所属する生徒を対象としたイジメも無いわけではないとのことである。

2　イジメの内容

「イジメ」は、①被害者と加害者の力の差が明確で、②意図的な攻撃が、③長期間にわたって繰り返されるのが特徴である。一方「喧嘩」は突発的に起こることが多く、両者の間の力の差がはっきりとは見受けられないという違いがあるとされている。

デンバーの心理学者のC. Garrityは、『Bully Proofing Your School』の中で、イジメの行為類型を表1に掲げるように四つに分類している。

一般には、これらの類型が重畳的になされることが多く、最初は軽微な態様から危険性の高い態様に、または精神的な態様から身体的な態様に徐々に移行するようである。

これらの類型の具体的内容を分析すると、我が国の状況と同様にいわゆるソフトな〝イジメ〟と、きわめてハードな犯罪類型に該当する態様とがあることがわかる。後者は暴行・傷害・脅迫・名誉毀損・監禁・器物損壊・窃盗等である。これら犯罪類型に該当する行為は「イジメ」の行為類型から本来は外すべきであろう。

イジメられやすい子のタイプ　イジメられやすい子供の特徴として、次の様なタイプが挙げられている。①勉強のできない子・できる子、②太っている等の容姿に特徴のある子、③ダサイ服を着ている子、④行動や反応が鈍い子、⑤他の生徒との仲間に入れない子(いつも独りぼっちで孤立していることが多い子)、⑥体力的に劣っている子、⑦泣き虫で感情的になりやすい子等であるが、他者とのコミュニケーション・スキルが十分身に付いていれば孤立を回避することによってイジメの被害者になることを避けられるケースとしての⑤

表1　イジメの4つの行為類型

類型	行為態様	具　体　的　内　容
I	身体的な攻撃行為	身体を押す（小突く），唾を吐きかける 人の持ち物を盗んだり傷つける 人の品位を下げたり辱める 閉鎖された場所に鍵を閉めて閉じこめる 家族や友人に暴力をふるう 凶器を使って人を脅したり身体的危害を与える
II	社会的な隔離・疎外行為	噂を広めて困らせる 意図的に人に恥をかかせる 人種差別的な中傷をする 人を陥れる，個人の秘密を暴く 仲間外れにする 仲間を巧みに操る 仲間から孤立させて脅す
III	言葉による攻撃行為	人を嘲る にらみつける 悪口を言いふらす 驚かせる 容姿･服装･持ち物についてからかう 電話で脅迫する 脅して持ち物を奪う
IV	脅迫行為	秘密をばらすと脅す 落書きをする 人の持ち物や衣服を傷つける 汚い手口を使う 人の持ち物を奪う 人を威圧したり凶器を使って脅す

や⑥以外は、いわゆる普通・一般的・平均的な層の上下に位置する子供がその対象とされている点で我が国と同様の状況が見られる。すなわち、ある一定の幅から上あるいは下にはみ出す子供がイジメの対象となる点においてである。

イジメっ子のタイプ　イジメっ子になりやすいタイプとして、①人一倍他人を意図的に傷つけようとする攻撃性を有している子、②他人への思いやりや共感的理解力の欠けた子、③イジメられるのは被害者の方に問題があるからで自分には何の責任もないと思っている子、④自分が常に集団や関心の中心になっていないと気が済まない子、⑤権力志向が極端に強い子、⑥家族の中にイジメっ子がいたり親がイジメっ子だった子、⑦先生や同輩が自分を不当に扱っていると思っている被害者意識の強い子等である。この様な性格が助長される背景には、イジメっ子が所属する家庭に大きな原因が内包されていると思われる。

表2　イジメの発生場所

I	教室・廊下・校庭
II	体育館・シャワールーム・ロッカールーム・トイレ
III	カフェテリア（校内の食堂）
IV	通学路・スクールバスの中
V	その他（学校以外の場所）

イジメの発生場所　イジメの発生場所は、表2に示すように一般に次の五つに分類することができる。Iでは、教職員が居ないときに、そしてIIでは教職員も他の生徒もほとんど居ない状況で。IIIやIVでは担当職員は居るもののイジメが発生しやすい場所として報告されている。

たとえば、トイレ、カフェテリア、校庭等でのイジメや辱めを受けるのを怖がって登校を拒否している生徒の多いことが、全米学校心理学協会（NASP）の調査で指摘されている。これによれば、毎日約一六〇、〇〇〇人が登校を拒否しており、全米の小中学校の児童・生徒数約四九、〇〇〇、〇〇〇人の〇・三三パーセントに該当すると報告されている。

イジメと自殺　イジメの被害者がイジメを理由として自殺したり、イジメの加害者に復讐するために死傷事件を起こしたケースも新聞やテレビ等のマスメディアで報告されている。アメリカでは、自殺及び復讐に際して、銃が利用されることの多いのが特徴となっている。その原因として、家庭に保有されている銃を持ち出す例がほとんどであることから、銃社会ともいわれるアメリカでの家庭における銃器の保管・管理状態も一因として指摘できよう。一方、イジメを理由とする自殺者の数については現時点では正確には把握されていないが、増加しているとの見方がある。正確な数が把握されない理由は、連邦制を採用しているアメリカのシステムにある。すなわち、被害情報が全国規模で同一条件で収集されていないことによると考えられる。

3　イジメに対する認知

前出のEducation Weekでは、イジメられた経験があるとした一〇〜二四パーセントの割合についても、学校の教師たちの認知レベルとは大きな差があり、ここでは、その原因を「ほとんどのイジメが、大人の管理があまりなされていない場所で起きており」、「教師たちは自分の鼻先で――校庭や廊下や教室内でさえ――起きているイジメを過小評価しており」また、「イジメを目撃しても適切に対応できていない」と指摘している。さらに「生徒がイジメについて大人に告げても、大人はそれを深刻に受け止めないか、イジメは子供の間ではあることだからうまく対応することを学ばなければならないと考えている大人がいる」状況が報告されている。

一方、イジメに対する関心の低さは、ほとんどの学校で薬物問題、銃、そして暴力犯罪の方がイジメよりも深刻な問題であるとの認識が存在していることと、イジメの被害者がイジメの事実を教師や親にも告げることができず、認知されなかったケースが多い結果を反映しているものと思われる。

三　イジメの原因

1　家庭的背景

イジメっ子は、性別に関係なく、普通の子供たちよりも家族間に問題を有している場合が多い。例えば、身体的虐待や精神的虐待を受けた経験を有する、あるいは一貫性のない躾を家庭で受けていた等である。原因として考えられことは、これらの家庭の多くは、親が、子供の日常の変化に十分対応するだけの関心と愛情を持ち得ていないことから子供との対話が不足している、いわゆるホテル家族に属していること、親自身も子供を健全に育てることについて必要な知識や技術を十分に身に付けていないか、愛情を十分に注がれて育った経験を有していないこと等が考えられる。これとは逆に、親の無条件の愛情を乳幼児期に十分注がれた中でしっかりした躾と教育を施された子供にイジメっ子は少ない。

2 学校の背景

ノルウェーのベルゲン大学教授のDan Olweusは、教授手段の一つとして『皮肉（sarcasm）』を使う教師達から、生徒達はイジメを学んでいると指摘している。前出のShakeshaftは、教師は、皮肉を手段として使うべきではないし、教師が止めなければ、生徒はそのような行為をしてもいいと教師が考えていると信じ込んでしまうと、教師の態度にもイジメを誘引する要素があることを指摘している。

これまで多くの学校では、イジメが発生した場合でも、対症療法的な対応で、根本的な解決に向けた教職員、生徒、親等が一体となった取り組みが十分なされない傾向があった

他方、イジメが私立校に比べ公立校で多い背景には、教師や学校長等のイジメが内包する問題に対する意識の低さもあると思われる。

3 地域社会の背景

イジメを調査した者のほとんどが、問題の背景には現代の文化もある程度影響を与えているとしている。たとえば、生徒は周りにいる大人の作為や不作為、テレビから情報を得、イジメることを学んでいる、と分析している。

イジメが発生している学校が属する校区周辺の住環境は必ずしも良好とはいえず、また、地域住民の連携・協力も少ない地域が多いといわれている。その結果、学校と地域社会が一体となって問題解決に向けた総合的な取り組みがなされてこなかったものと思われる。

四　イジメの解決策

1　イジメの発見

子供がイジメを受けると、学校に行きたくなくなったり、学習意欲が減退して成績が下がったり、身につけている服を破かれたり、身体にあざをつくって帰宅したりするので、親は子供の行動をよく観察し、これらの兆候を見逃さないようにすることが重要である。また、日常的に子供が親にその日の出来事を話せる雰囲気作りと、何でも相談できるような親子の信頼関係を醸成しておくことが肝要である。

教職員は、イジメと悪ふざけ、けんか等の隣接する行動を見極める力を身に付けておくことが望まれる。クラスの中での生徒の日常の変化を注視し、様子の変化に対応し、イジメを告げることができやすい雰囲気作りとものごとを真剣に受け止め、事実を的確に把握することが必要である。

2　イジメを巡る議論

従来、アメリカの荒れる学校の主要な問題は、対生徒・対教師暴力、薬物問題、性の逸脱、バンダリズム等であり、イジメは重大視されることがなかった。例えば、「イジメは子供の成長過程にはつきものだから心配することはない。放っておけば自然に解決できる」とか「イジメられたらイジメ返すくらいの気概を持ちなさい」とか「男ならもっと強くなりなさい」という日本にも共通する大人の対応がこれを物語っている。

しかし、イジメを苦にした自殺やイジメっ子に対する復讐に銃器が使用されるようになると学校内におけるイジメが大きな問題となってきた。

この様な状況の下、一九八七年五月にハーバード大学において、全米学校安全センター（NSSC）後援による「学校におけるイジメ問題講座」という表題による会議が開催され、この席上、イジメ防止に関する次のような五原則が確認されるに至った。すなわち、

①　学校におけるイジメ問題が、深刻で広く蔓延した問題であることの認識

②　イジメを許容しないこと　被害者にとっての恐怖は日常生活の一部となっている、

③　加害者自身のケアの必要性　加害者の行動を放置しておくと、彼らは生涯にわたって破壊主義的な行動様式をとるようになり、仕事や社会関係においても問題を起こし、法を侵すようになるであろう、

④　イジメの加害者についての考え方を改める必要性　加害者を矯正するには、被害者が力でやり返すのが一番だ、という考え方は神話にすぎない、

⑤　スカンジナビアや日本でとられているイジメ防止戦略は、もし米国で採用されるならば、事態が改善されるであろうこと、

である（Stuart Greenbaum: Set Straight on Bullies. 1988）。

図５　何らかの被害化防止への対策を講じている

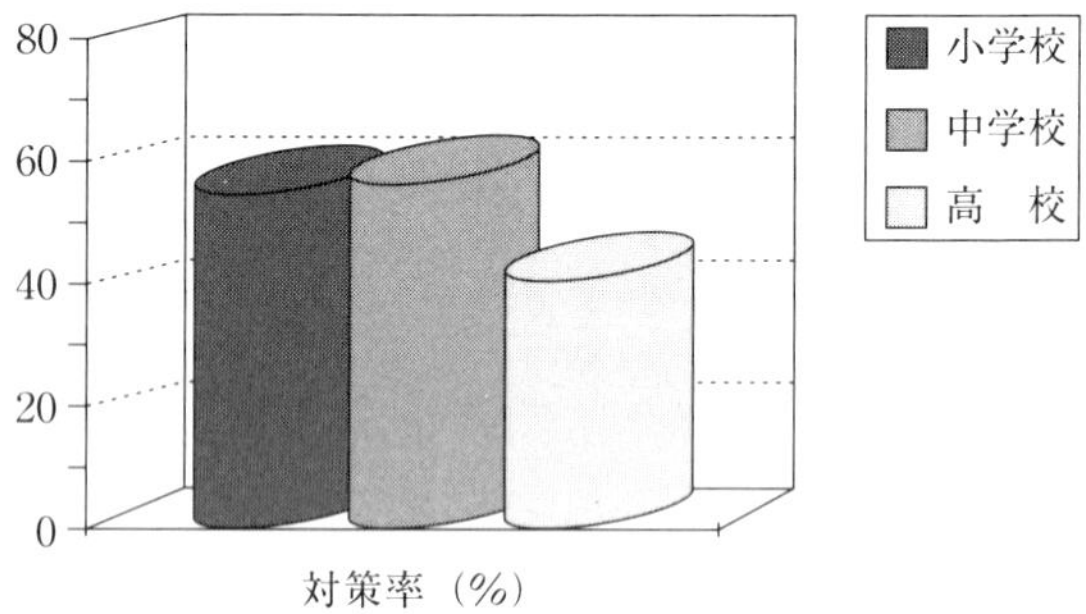

３　イジメに対する対策・方法

前出の一九九三年全米家庭教育調査（NHES・93）では、被害を避けるため生徒がどの様な対策をとっているかについても調査がなされている。①通学路として特別の道を通る、②校舎内や校庭の問題の起こりやすい場所を避けている、③学校関係の行事に出ないようにしている、④学校内ではグループの中にいるようにしている、⑤誰かに傷つけられたり嫌がらせを受けたりするのが怖くて学校を休んでいる、の五項目についてなされた調査結果によると、第六～一二学年の生徒六、五〇四名の約半数は特に何も対策を講じていないと回答している。対策をとっている者で最も多かったのは、『学校内ではグループの中にいるようにしている』で約二〇パーセント、その他の対策をとっている者は五パーセント、複数の対策をとっている者は二五パーセントであった。

学校種別で見ると、小学校で五八パーセント、中学校で六〇パーセント、高校では四八パーセントの生徒が何らかの対策を講じていると回答しているが、これは、イジメの被害の学校種別の傾向と同様である。また、私立校では五パーセントの生徒が、公立校では二一パーセントの生徒が何らかの対策を講じている（“Student Strategies to Avoid Harm at School” Oct. 1995）。

この様な中、学校における薬物、銃その他の暴力犯罪の増加、及び一九八〇年代後半からのイジメ問題や不登校（登校拒否を含む）の増加にみられる教育環境の荒廃状況を打破し、児童生徒が安心して教育を受ける環境を創設するために、一九九一年四月一八日にブッシュ大統領が「二〇〇〇年のアメリカ：教育戦略（America 2000: An Education Strategy）」と題する教育改革案を発表した。これを受け、クリントン大統領が提出した「二〇〇〇年の目標：アメリカ教育法（Goals 2000: Educate America Act, P.L. 103-227）」が、一九九四年三月三一日に成立した。この法律は、一〇編からなるが、その第一編「全国共通教育目標の設定」の七番目の項目、《アメリカ合衆国のすべての学校から薬物、暴力、銃器、アルコールを追放し、学習に適した規律のある環境を実現する》では、生徒が安全な環境で学習する権利を保障するために、地方教育当局やすべての学校が適切な対策を打ち立てること、親、企業、政府機関等が協力体制を確立すること、地方教育当局による幼稚園から第一二学年までの首尾一貫した総合的な薬物等の使用防止教育プログラムが作成実施されること、生徒及び教師に必要な援助を行うために各地域に対策班を設置すること等を具体的な目標として規定している。

この目的を達成するために具体的には、その第七編で、青少年の犯罪等が多い地域の地方教育当局に対して連邦が補助金を交付する（第七〇二条、第七〇三条）。また、連邦は、この目的を達成するために必要な調査、プログラムの開発、データ収集、広報、技術的援助等を行う（第七〇六条）。そして「安全な学校実現」のために、一九九四年会計年度で五〇〇〇万ドルが授与されていた（第七〇二条(b)(1)）。

また「全国共通教育目標」の七番目の項目として《すべての学校が、学校と親との間の協力体制を強化し、子供の社会的及び情緒的な成長並びに学力の増進のために、子供の教育への親の関与及び参加を促進する》

ことが規定されている。これは、とかく学校のみに教育に関する責任を課すことに対し、親や家庭にも子供の学習を助け、必要な環境を創り出す責任があることを明確にしたもので、具体的には、学校や地方教育当局が学校と親との間の協力体制を確立することを援助するために、州によって必要な政策が立案されるべきこと、すべての学校が親や家庭との協力体制を積極的に築き上げ、子供の家庭学習の援助等に資すること等を規定したものである。

これを受けて、一九九六年九月に連邦教育省と司法省は、前出の「安全で薬物のない学校を創造するために――行動指針（"Creating Safe and Drug-Free Schools: An Action Guide" Sept. 1996)」を発表し、この中で、安全で秩序ある学校をつくるための四つの行動指針（Action Steps for Schools, for Students, for Parents, for Community and Business Groups）を示している。

先ず、**学校に対する行動指針**として、①教職員、生徒、親、警察や少年裁判所の職員、地域社会や企業のリーダーを安全で、秩序ある、銃や薬物のない学校を作るための計画を作成するためのチームのメンバーとして組織すること、②生徒としてふさわしい行動とそうでない行動を明確に定義した方針を確立した上で公表し施行すること（この方針には武器、暴力、銃、そして薬物やアルコールの販売と使用を絶対に許容しないことを含めるべきであるとしている）、③薬物の使用と販売、脅迫、イジメ、暴力行為、あるいはそれらの被害に関するすべての報告に対して素早く措置を取ること、また、その措置が問題の解決に最もふさわしい法執行機関に対しても素早く報告されること、④親や地域社会の大人が学校行事に参加したり学校を訪ねやすい環境を整備すること、⑤教職員がお互い同士、さらには生徒に尊敬をもって接することや教職員が良い役割モデルとして振る舞うことを助長すること、⑥地域のグループと法執行機関の職員が放課後も学校を開けておくために協力して関わることによって、生徒も親も学校を安全な場所と位置づけることができること、⑦争いを解決するための平和的で、暴力を用いない方法を生徒、親はもちろん教職員に対しても教えるためのプログラムを提供すること、⑧現在学校が直面している犯罪や安全に対する問題を世論に認識させるためにメディアを活用し、学校における犯罪や暴力に関する正確な現在の状況を地域社会に提供すること等が示されている。

生徒に対する行動指針としては、①生徒自身が学校で安全に秩序が守られた状況でいられることを保障するために果たすべき重要な役割を担っていること、被害者となることあるいはイジメられる不安もなく、混乱もなく学ぶことができる場所としての学校を支えることが生徒にできることを認識させ、そのために②争いを解消し、仲間による仲裁を図り、仲間を支えるリーダーシップを身に付け、ティーンコート(Teen Courts)を運営できる力を身に付けさせること、③武器の所持、薬物の販売と使用、イジメ、脅迫、犯罪被害、暴力行為や器物損壊等を学校管理者や親に報告すること、④仲間集団に積極的に参加すること、集団を通し薬物やアルコール、そして銃を使用することによって生ずる結果やアルコール、薬物、たばこを止める方法を学ぶこと、⑤学校の規則に従い、その規則を理解し、規則を破った結果どうなるかを認識すること、⑥地域が提供するプログラムに教職員も生徒も参加することによって地域社会で受け入れられる行動様式を学ぶこと、⑦生徒の親が学校にきて学校行事に参加すること、⑧生徒のためにＢＢＳ（Big Brothers and Sisters）や家庭教師等が助言者として関わること等が示されている。

親に対する行動指針としては、①子供達が安全で薬物から自由であることを保障するために鍵となる役割を演じなければならず、そのために親の参加と積極的な援助が必要であること、②学校の内外で、正しいことと悪いことの基準を教え、範を示すことが望まれること、③子供達と学校の基本的な方針について話し合い、学校は全ての生徒の権利を保障し、暴力、アルコールあるいは身体的虐待・イジメのない秩序付けられた安全な環境を生徒に提供するために校則を定めていることことを説明すること、④ＰＴＡ活動、学級活動、その他の学校行事を充実させ子供達の学校生活に参加すること、⑤地域の他の大人達とのネットワークを作り学校の安全などについて討議すること、⑥地域の様々な活動に参加し、学校の現状を説明し、地域グループと一緒に通学路を監視することによって安全な通学路を確保するために活動すること、⑦子供達に薬物や武器を使うこと、仲間集団への参加、暴力行為によって生ずる結果を話し、親が屋内や車の中に保有している銃器等の武器を子供達が持ち出したり触れないようにすること、⑧テレビゲームをしたりテレビを見る時間を少なくし、学校が提供している放課後のクラブ活動などに参加することを奨めること等が示されている。

地域そして企業グループに対する行動指針としては、コミュニティー全体の協力と援助なしでは学校の安全は維持できないことから、①学校に設けられる安全な学校を作る委員会に参加すること、②社会的・文化的な活動等、生徒にとって意味のある活動を後援すること、③通学路の安全確保の支援をすること、④子供達の学校を従業員である親が就業中でも必要であれば不利益を受けずに訪問できるようにすること、⑤経験を高めたり大学進学をすることを奨励するために奨学金制度を設けたり、基金を設立したりして生徒や親を援助すること等が示されている。

一方、校長、教師、そしてカウンセラーのために『イジメ防止ハンドブック(Bullying Prevention Handbook)』

が一九九六年に全米教育サービスから発行されている。この内容は、各種の調査を踏まえ、アメリカの子供は、イジメによる被害経験が中学校在籍中に最も多いことから、中学校及び高校におけるイジメをいかに防止するかについて、①生徒がイジメの問題を概念化し取り組むことを啓発する、②教師やその他の学校関係者が、積極的かつ健全な指導を通じて思春期の仲間集団に影響を与えるために最善の役割を果たすべきである、そして③学級討議が抽象的な考察や理想主義の発達を促すよう指導すべきであるとしている。

そして、イジメの概況、イジメに関して一般的になされてきた質問や疑問への回答を提供し、イジメの評価、イジメの防止と教育プログラム、イジメに対する家族の問題、個人的な、そして小集団による仲裁方法、イジメを減少させるための読書療法の使用等について記述されている。

『Bully Proofing Your School: A Comprehensive Approach』で著者たちは、小学校におけるイジメを抑止するために開発された包括的な防止プログラムについて記述している。ここでは、イジメを防止するための包括的なプログラムを実施するときには次の五つの鍵となるグループを巻き込まなければならない――すなわち教師及びその他の学校関係者・生徒・イジメっ子・被害者・両親の五グループである――としている。

子供達が、教職員がイジメを効果的に抑止するであろうことを知っていれば、イジメを報告するであろうとした上で、実施するイジメ防止プログラムの最初の段階は、イジメとイジメに関する神話に焦点を当て、イジメっ子と被害者の両当事者のタイプの違いを調べることと記述されている。

このプログラムはまた、①結束した学校のチームを構築すること、②どの様にすれば効果的に仲裁できるかについて訓練を受けた教職員によって集団討議の場で種々の全く異なったシナリオを使うこと、③子供達に対してイジメに敢然と立ち向かう権限を与えることで実際の学級による仲裁を強調している。

これによって、子供達は、もし誰かがイジメられていれば、イジメを防ぐために使うべき手順や特別な手段を学ぶことができる、としている。

前出のEducation Week 八・九月号では、サウス・カロライナ州、マコーミック郡のマコーミック中学校のイジメ対策が紹介されているが、ここでは次の三原則——①人をイジメない、②イジメられている子供を助ける、③置き去りにされがちな恥ずかしがりやの子供を仲間に入れるようにする——が採用され、教職員はイジメの加害者や被害者に対してサウス・カロライナ大学の協力を得て、濃密なカウンセリングを実施してきている。その結果、今では、誰でもイジメは黙認されないことを知っているし、イジメの加害者の親に対しても「Hey, Your son is a bully.」といえるまでになっており、この中学校では、一九九五〜九六年の学期では、イジメの被害がプログラムを開始した頃の約半分に減少したと報じている。

また、デンバーの心理学者のC. Garrityは、イジメに対して沈黙している多数（Silent Majority：沈黙する傍観者）がイジメに対して敢然と立ち上がれば、イジメっ子に数で勝ることができるし、子供達が違ったように教えられていれば、イジメっ子の側に立つことはないだろうとし、大人や教師がイジメを許容することの無いようにすることが必要だと述べている。

4 イジメ対策プロジェクトの内容

以上のような状況の下に、アメリカでは一九九四年頃から、イジメの被害者、加害者、傍観者、学校の教職員、生徒の両親、地域社会のボランティア団体等を含めた総合的なイジメ対策プログラムを導入する学校が増えてきている。ここでは、生徒を対象としたプログラムを中心に紹介する。

プログラムの中心は、学校での問題解決に生徒自身の力を積極的に取り入れようとするものであり、同輩(Peer)カウンセリングが、様々な形態や名称で全米の多くの学校で設置されている。これらは、一九八七年時点で約二〇、〇〇〇プログラムが活動しているとのことである(The New York Times, 1987. 2. 9)。

これは、傍観者がイジメ問題解決の鍵を握っているという視座から、生徒全体の約八〇~八五パーセントを占める〝沈黙する傍観者〟を〝行動する傍観者〟に変えるためのプログラムと、生徒同士の仲間調停トラブル解決法(Conflict Resolution)等である。

前者に関しては、実際にイジメの場面を設定して生徒達が、イジメの被害者、加害者、傍観者の役割を演じる役割演技(role-play)を通じてイジメに対応するための技術を身に付けるもので、状況や役割を変えることによってそれぞれが実際にイジメに遭遇したとき適切な対応をとれるようにすることを主眼としている。実際にイジメられている子がイジメっ子を、イジメっ子がイジメられている子を演じることによって相手の痛みを知る機会ともなっていると思われる。ここでは、沈黙する傍観者から行動する傍観者としての役割を演じることで、イジメにどの様な影響を与えることができるかを知る機会にもなっている。イジメられっ子にもイジメへの対処法とイジメからの回避法を身に付けさせ得るわけである。

後者に関しては、生徒の中から調停員を選んで、生徒同士のトラブルやイジメを解決したり、ティーンコートのように、裁判官（レフリー）と検察官・弁護士を選んで、トラブルの解決を図る手法等がある。調停委員は、トラブルの当事者一人一人に対応し、個別の当事者から事情を聴取し、当事者に代わって解決に導くが、最終的な決着は当事者に付けさせ、調停委員は調停成立後も約束が履行されているか一定期間見守ることによって、学校当局の最終処分を担保とした心理強制を利用したものである。ティーンコートも裁判形式を採用しているものの学校の最終処分を留保させながらも生徒自身によって問題解決を目指すという点で同様の機能を果たしていると思われる。生徒間の仲間集団としての力を肯定的な目的に利用する手法であり、Positive Peer Cultureという若者の仲間集団の自己改善力をイジメ解決に利用したものといえる。これを有効に機能させるためには、リーダーとしての教職員の訓練と運営のために近隣の大学や専門機関の指導助言をいつでも受けれるようにしておくことがこのシステムを導入しようとする学校に望まれよう。

また、視聴覚教材を利用してのクラス討議などによってイジメがどの様な結果を招来させるかを理解させるプログラムも存在している。例えば、『アメリカ発イジメ解決プログラム』の第II章では、オハイオ州ザネスビル在住のトム・ブラウン氏等が提供しているビデオフォーラムで、〝Broken Toy（壊れたおもちゃ）〟というタイトルのビデオをフォーラムの仲間で利用しながら身近なイジメの問題と悲惨な結果を回避するために今生徒自身が何を為すべきか語り合う場を提供し成果を上げている様子が詳しく紹介されている。

ところで、イジメを解決するためには、教職員や親のイジメに対する認識を改善することも必要である。そこで、イジメは成長過程の通過儀礼ではなく、イジメる側にもイジメられる側にも後の成長に非常に大きな悪影響を及ぼす問題行動であり、適切な介入が必要なものであること、教職員や大人が責任ある傍観者として行動することがイジメを抑止することについて効果的であることを認識させるためのプロジェクトも各地で展開されている。ここには、地域のマスメディアや関係機関・団体の専門家も協力している点が我が国の対応と大きく異なる点である。

そして、先に述べたイジメ類型の内の犯罪類型に該当するようなイジメについては、安全な学校生活を提供する義務を履行できなかった学校の管理責任者や学校設置責任者の法的責任も追及されることから、学校常駐の警察システムや民間警備業者の校内パトロールシステムも多くの学校で利用されるようになっている。

さらには、イジメの当事者をクラスルームから一時的に異なった場所に移し、教育の機会を担保しながらイジメる側・イジメられる側のそれぞれ生徒が有する問題性を解決するための個別プログラムを提供し、その間にクラス担任を含めたクラスの他の生徒に対するプログラムによってクラスの対イジメ解決力を増すためのプログラムを展開する州や都市も存在している。例えば、カリフォルニア州で実施されている学校教育法に基づくProject of Stay at Schoolでは、教育委員会の一室にクラスルームを作りそこで当事者に対するカウンセリングを含めたアプローチを行い、教師に対する指導やカウンセリングをも施した上、改善されたクラスに彼らを復帰させるというプログラムを一九八〇年代後半から提供し、成果を上げている。当初これは、不登校の生徒を対象としたものであったが、現在ではイジメが原因で不登校となっている生徒にも提供されている。

五　イジメの将来

一九九六年九月に連邦司法省及び教育省が共同して発表した『安全で薬物のない学校を創造するために――行動指針』を受けて、各州各地方教育組織は、様々な取り組みを行ってきている。

例えば、サウスカロライナ州では、一九九六年三月に学校内のイジメを含めた暴力事件を地元の刑事司法機関に報告することを義務づける学校犯罪報告法が制定され、同年六月には二四時間体制のイジメホットラインが開設され機能している。また、連邦では学校区域内銃所持禁止法（Gun Free School Zone Act. 1994）を制定しているが、それぞれの州ではこの法律の適用範囲を銃を使用した暴力犯罪以外にも適用すべく、拡大適用する州や新たな条項を規定する州もある。例えば、カリフォルニア州での、学校区域内での銃以外のナイフやその他の武器の持ち込み禁止、イジメ等のハラスメントの禁止条項の追加がそれである。

学校にイジメ対策を義務づけ、生徒による一定のイジメ行為を刑法上の犯罪として処罰できるようにするイジメ防止法（Anti-Bullying Law）制定に向けた活動も最近になって展開され始めている。

マスメディアのイジメ及びイジメ関連の自殺等を巡るセンセーショナルな取扱いについては、詳細な報道は避けられる方向に変化してきている。むしろ、イジメに関する悩みや苦しみにどの様に対応すべきか、周囲のアドバイスや援助をどの様に受けることが可能かについての情報提供が為される一方、イジメの犯罪性を指摘し、イジメ問題を軽視しないで地域社会全体の問題として取り組むべきだとの啓発がなされていく傾向も生じて来ている。

これらアメリカのイジメ対策を踏まえて強調される重要なことは、イジメを許容しない社会を創造するためには、親や教師を含めたすべての大人が、責任ある問題解決者として積極的に行動することが今以上に求められることである。子供達の模範となるべき行動をとることによって子供は許される行為と許されない行為の別を自然に学ぶことができるし、人として尊敬され、愛情を注がれることによって、他者を尊敬し思いやることができるようになる。すべての大人と社会の構成員が、安心して生活できる社会を作るべく行動したとき、学校も安全に学ぶことができる空間に変容するのではないだろうか。

［参考文献］

富田美樹子「いじめ問題への対応」（『レファランス』五三七号、六四ページ、一九九五、一〇）

富田美樹子「アメリカにおけるいじめ」（『青少年問題』四五巻二号、五二ページ、一九九八、二）

寺倉憲一「二〇〇〇年の目標　＊アメリカ教育法の成立」（『レファランス』五二四号、二三ページ、一九九四、九）

矢部武『アメリカ発いじめ解決プログラム』一九九七

“Student Victimization at School” Oct. 1996 Journal Citation: School Safety (Winter 1996). p.15-17

“Creating Safe and Drug-Free Schools: An Action Guide” Sept. 1996

“National Home Education Survey 1993”

“Beating The Bullies” Education Week on the WEB. Aug/Sept. 1997

J.H, Hoover; R. Oliver "Bullying Prevention Handbook: A Guide for Principals, Teachers, and Counselors" 1996
C. Garrity; K. Jens, W. Porter, N. Sager, C. Short-Camilli "Bully Proofing Your School; A Comprehensive Approach" 1994

〔付　記〕

アメリカの文献及びデータは、連邦司法省司法研究所のR. Titus博士の協力と助言の下にインターネットを通じてNational Criminal Justice Resource Centerから入手し、また、カリフォルニア州のデータ等は、UC Hastings の T. Grace 女史の協力によって入手したものである。

3 イギリスのイジメ

清永奈穂
STEPⅡ研究所主任研究員

一 はじめに——イギリスのイジメ問題を述べるに当って

一九八九年、イギリスのアークランド・バーバリー校（公立総合制中等学校）で、イジメを苦にした少女の自殺未遂事件が起こった。なぜ彼女が自殺を図ったのか、事件当初、学校、友人、また家族もその理由を理解できず、自殺未遂の背景にあった当時の彼女をめぐる状況を把握することは誰一人としてできなかった。

しかしこの事件は、イギリス国内の学校に生じていたイジメという問題の存在を明らかにすると同時に、イギリス国民にとって自分たちの社会が真剣にイジメ問題に取り組まざるをえない状況であることを認識させるものとなった。この少女の事件だけではなく、当時自殺までは至らなくとも、今までの方法では解決不可能かにみえる子どもたちの「苦悩」が深まってきており、またそういった彼らの引き起こす問題行動が、イギリス各地の学校社会の中で頻繁に現れ、それらの問題が増加しつつあったからである。

この事件の前後からイギリスの教育関係者は、カウンセリングや社会調査を通して、子ども同士の単純な暴力問題や不登校などとは別の、従来の逸脱と言われるものの定義の中に収まらぬ子どもの問題の背後に、イジメというものがあることを「発見」した。子どもたちの複雑な人間関係の不調和のなかにイジメがあり、それが波及して子どもの問題——言葉による嫌がらせや「仲間はずれ」から始まって、かつあげや暴行など犯罪に類するもの——を引き起こしていることを彼らは指摘する。そして各分野でさまざまな対策・対応が開始された。子どもたちの声に大人たちが積極的に耳を傾けるよう努力し始め、イジメを最小限に押さえるよう子どもの世界に目を配りはじめた。一九八九年以来八年間におよび、イギリス社会は多様な対応を行い、子どもたちの間に生じるイジメを発見し、未然に防ぐべく努めてきている。

しかし、それらの対策・対応にもかかわらず、一九九七年九月、またイギリスで中学に通う女子生徒がイジメを苦に自殺をはかり、死亡する事件が発生した。女子生徒は遺書を残しており、そこには「もう生きていけない。これ以上イジメられ続けたまま生きていたくない」と記してあった。毎日のように学校で周囲の生徒から罵詈雑言をあび、彼女の自宅の窓ガラスに卵をぶつけられるなどの嫌がらせが重なった上での自殺であった。

このニュースが日本で流れた際、日本同様イギリスでもイジメによる子どもの自殺があることを私たち日本人は知らされ、その事実に驚愕すると同時に、イジメというものが子どもたちの世界のなかに、国境やそれぞれの文化に関係なく存在することを改めて認識した。イジメとは、我々人間に共通してある、長く暗く続くトンネルのようなもので、どんなにもがいても決して抜け出すことはできない。軽減しようとしても不毛な努力を強いられるだけの、徒労感のみ後に残るものではないのか、と自問自答させられるものであった。

しかし、イギリス社会はイジメ問題に関してあきらめたり、解決への歩みをゆるめるようなことは決してなかった。学校が家族や地域社会とともにイジメに対応していくにはどうしたらよいのか、またイギリス国民全体の問題としてイジメにどう対応していったらよいのか、また子どもたちが幸福に暮らす学校とはどのようなものか、さらに子どもたちや学校を取り巻く社会とはどうあるべきか、というような問題に関して、次々と対応策を編み出し、問題追及の手をゆるめず、更なる模索を続けている。

私たち日本人は、イジメというものは日本独特の固有の文化的現象であって、他の国にも同様のことが存在し、ましてやそれが原因で自死にいたることが起こりうる、ということは想像だにしていなかった。確かにイギリスでのイジメに関する研究やその対策は日本よりも出発時点は遅れていた。ノルウェーやスウェーデンなどの研究を模倣する形でイジメという問題を認識しはじめ、その対応もそれに応じてこれらの国に比べかなり後れを取っていた。しかし、いったん問題を認識しはじめて以来、学校関係者、大学研究者、カウンセラーやボランティア、教育省など、あらゆる分野の者が協力し合い、総合的に対応策を考えはじめている。実際、学校現場などでは彼らの編み出した理論を実践し、非常に機能的に各部署が連携しあうことで効果が上がっている部分もあり、真剣にそれぞれがイジメ問題と向き合っている。

本章では、これらイギリスのイジメ問題の把握状況、その構造的特徴、イジメへの対応とその効果など、イギリスのイジメをめぐる状況に関して総合的に述べていきたいと思う。イギリスの状況を見ていくことによって、日本のイジメの現状を改めて認識するとともに、双方の国の対策について、それぞれの長所や短所を浮き彫りにしていきたい。またさらに、これによって行き詰まっているかにみえる我が国のイジメ対策に、一筋の光明が見出されればと思う。

二　イギリスのイジメ問題への取り組みの歴史的経緯

1　イジメに無関心な時代

イギリスにおいてイジメ問題が注目されてきたのは、先にも述べた通り一九八〇年代の後半とかなり遅いものであった。暴力問題や不登校などに比べ、イジメに関しては、一般の市民はもちろん教育関係者の間でも重要視されてこなかった。たとえば、『視学官報告書』(HMI, 1978)（注、HMI: Her Majesty's Inspector）では、イジメはけんかや暴行、騒動、攻撃的行動といっしょに取り上げられ、また『パック・リポート』(The Pack Report, 1977)でも、イジメについてはほとんど無視され、「ずる休み」のなかの中でわずかに一節がイジメに当てられているにすぎない。一九八七年にノルウェーの学者オルウェスの『学校における攻撃的行動：イジメっ子とイジメられっ子』が英訳出版された以外、一九八〇年代になってもなおイジメに関して注目されることはなかった。

イギリスにおいて本格的にイジメに関心が寄せられるようなったのは一九八九年から一九九〇年にかけてである。イギリスでのイジメへの関心の急激な高まりの背景には、イジメが原因による自殺事件が引き金になったのはもちろんであるが、北欧での二〇年にわたる研究の成果と、そこで開発され、効果が確かめられた「イジメ介入プログラム」の存在が大きく関与していた。

2 北欧のイジメ研究

北欧でイジメ問題が本格的に着手されだしたのは、一九八二年の暮れに発生した三人の子供たちの連続自殺事件がきっかけだった。その自殺の背景にある原因はいずれもイジメであった。それまでにオルウェスや他の研究者たちは、イジメが決して珍しいものではなく、どんな形であれ一学期中にイジメに巻き込まれる生徒の数は、七人に一人にのぼる事実をすでに明らかにしていた。こうした研究の結果と自殺事件がノルウェー政府を動かし、一九八三年の秋・冬に、ノルウェー教育省による「全国イジメキャンペーン」が展開された。このキャンペーンは、ノルウェー中の学校でイジメの状況を調査し、子どもたちにイジメ防止用の資料パッケージを配布するものであった。このパッケージにはイジメについてのクラス討論を補助するビデオ、親にもイジメに関しての助言がかかれたパンフレットなどが含まれていた。キャンペーンをきっかけにノルウェーではイジメ問題について全国的な議論が沸き起こり、一九八〇年代の半ばにはこのキャンペーンの効果測定も行われた。オルウェスらは、キャンペーンの直前、一年後、二年後という三つのタイム・ポイントで覆面アンケートを行い、イジメの程度・広がりを測り、その結果は、イジメへの介入が行われた二年間に、イジメの報告は半減していた。

このイジメ介入の成果が一九八〇年代の終わり頃になって、イジメによる子どもの問題が表面化しつつあったイギリスにも伝わるようになってきた。

3　イジメ研究の始まり

ノルウェーでの成果や、イギリスでも発生していたイジメによる子どもの自殺事件などを契機に、一九八九年にはイギリス市民とマスメディアの間でイジメ問題に関心が寄せられるようになり、イジメに関する書物が相次いで出版され始めた。イギリス教育省も学校での規律（教師―生徒関係と規律）に関する調査報告書『一九八九年エグルトン・リポート』のなかで、イジメについて「最近の研究によれば、イジメは広範に生起している問題で、教師はこのイジメを無視する傾向にある（中略）。またイジメが、生徒個々人に大きな苦悩を与えるのみならず、学校の気風をも破壊する性格を持つことは明らかである」と報告されている。リポートはこう述べた上で学校に次のような勧告を行った。第一に深刻なイジメについては教職員に打ち明けるよう、イジメの被害者である生徒たちを励ますこと。第二に、加害行動には厳しく対処していくこと。第三に明確なルール、適切な制裁措置、被害者保護・援助のためのシステムを確立した上で、これらに基づいたイジメへの取り組みを実施することである。

『エグルトン・リポート』による勧告直後、イギリス教育省による積極的な動きは見られなかったが、民間の団体や各財団などによる活動が盛んになり始めた。最初に動き出したのは、グルベンキアン財団で、この財団は一九八九年「学校のイジメ」に関する諮問実行委員会を設立し、イジメ問題へのさまざまな行動計画の財政支援を行った。例えば『イジメへの積極的な対応』という小冊子の発行、「子ども電話相談室」に開設された「イジメ一一〇番」の三カ月間の延長、キッズスケープ（後述）の活動、ネティ・ネティ劇団（後述）による劇の上演、イジメ防止のための資料や方法を掲載した注釈付き文献目録兼ガイドブックの作成、などである。これらの活動は後のイギリスでのイジメ問題への対応の根幹となるものとなった（グルベンキアン財団（Calouste Gulbenkian Foundation）は、教育、芸術分野出の研究・開発プロジェクトの助成を行う非営利団体。特に支援しているのは、さまざまな理由から不利な状況にある子どもたちに焦点を当てた活動で、個々人に変化をもたらすための活動）。

4　多様なプロジェクトの誕生

これらの動きに触発される形で、一九九〇年末にはイギリス教育省が「シェフィールドイジメ介入プロジェクト」（Sheffield University Anti Bulling Project）を助成することを決定し、本格的なイジメへの取り組みが開始された。同プロジェクトは、シェフィールド大学のピーター・スミス（現ロンドン大学）が中心となり、イギリスのシェフィールド市内の小学校・中学校におけるイジメ問題に関して約四年もの間行った調査研究である。内容はシェフィールド市内の小学校・中学校のイジメの実態調査と、この調査結果から導き出されたイジメへの介入策の開発、学校の実際の取り組みへのモニター、介入策の効果測定など、イギリス国内では初めて独自にそして本格的に、徹底してイジメに取り組むものであった。

「シェフィールド・プロジェクト」と平行して一九九一年から二年間、学校環境を物理的側面から改善することを目的とした「校庭改善プロジェクト」と、「特別なニーズを持つ子供たち」のためのプロジェクトに関する二つの研究も行われた（後述）。

同時に一九九一年には教師向けにイジメへの実践的なアプローチを紹介した書物が刊行されはじめ、マスメディアを中心としたイジメへの関心は、一九九二年に再びピークに達した。同年イジメをテーマにしたテレビ番組がBBC放送などによって作られ、国会質疑でイジメへの政府対応が問われるようになった。政府は、シェフィールド・プロジェクトの結果を待つ間の暫定的な措置として、イングランドとウェールズで、イジメ防止用のビデオ教材『イジメに立ち向かうために』を配布することを決定した。

ノルウェーのイジメ研究を参考にしながら一九八〇年代末から始まったイギリスのイジメ問題への対応は、シェフィールド・プロジェクトなどをはじめ、試行錯誤しながら現在までさまざまな取り組みを行っており、今やイジメへの対応を独自に開発しながら実践化し、その効果を測定しながら繰り返し修復する段階にまで来ている。

以上のような経過を経て、イギリスではイジメ研究が執り行なわれてきた。次項以降は、これらの取り組みの基本的姿勢となっているイジメの定義、つまりイギリスではイジメというものをどう捉えているのか、そしてイギリス国内で子どもたちの間のイジメ問題がどのように存在しているのか、イジメの発生状況とその問題性を見ていく。

三　イジメへの基本的視線

1 イジメをどうみるか

イギリスにおいてイジメに関する研究を進める上で、一般的にイジメというものをどう捉えているのか。様々な解釈があるものの、基本的には以下の三点の様な姿勢が見られる。

第一に、イジメはプロセスのない出来事ではない、ということである。適切にイジメに介入すればイジメは止めることが出来る。仮にあらゆる社会からイジメを追放することはできなくても、特定の個人が被るイジメの被害は軽減させることが出来る、という姿勢である。

第二に、イジメは子どもたちの「市民性」の育成に悪影響を及ぼす、ということである。彼らの使う「市民性」とは、社会の一員として、社会の状況や課題にコミットし、思慮深く、責任をもって、能動的、建設的、協力的に行為することが出来るということを意味している。イジメを放置することによって、市民性に必要な個々人の社会的・倫理的発達が妨げられるのではないかと考えるのである。市民性を育てるためには、まず人と関係する力を養うことが必要であるとも考える。これによって他者への眼差しを学び、他者への気遣いを高めることが出来るのではないか、そしてそこからイジメる子やイジメられる子が生まれるのを防ぐことが出来るのではないか、ということなのである。

第三に、「イジメに関して、学校が負うべき義務とは何かを考えよう」というものである。イジメを放置することは学校としての責任を放棄していることだと考える。学校には「イジメ対策」として、人的環境を含めた学校環境の整備や予防活動の実施が必要である。しかしもっと根本的なこと、つまり個々の子どもたちのよい行いを積極的に見つけだし、誉めるといった簡単なアプローチが最も大切だと考えるのである。

2 イジメに取り組む姿勢

先に挙げた三点を基本的視線として、イギリス政府は積極的に実践的な取り組みを行っている。イジメ防止は理念的・抽象的、また対症療法的なものではなく、イジメという行為がいかに非人間的、反社会的であり人権の侵害か、という視点を明確にする必要がある、という姿勢を強く打ち出している。そしてそれは学校教職員、親、子どもという三者関係の強い連携を基礎に、イジメ防止教育を推進していくプロセスが大切なのだと考えている。私たちはこの姿勢に大いに学ぶ必要があるのではないだろうか。

四　イジメの定義

1 「イジメ」と定義すること

「これがイジメだ」と定義されてはじめてイジメは「発生」する。一九八〇年代末まで学校における子供たちのイジメという問題の存在をほとんど認識していなかったイギリスにおいて、イジメはなぜ発生し、問題視されるようになってきたのか。明らかにイジメというものの定義が必要であることが認識されたからであり、それが社会的に認知されたからである。

イジメとはなにか。イギリス国内で認知され、定義されている代表的なものを挙げていきたい。

2 イジメの定義

「シェフィールド・プロジェクト」のピーター・スミスやソニア・シャープによると、イジメは『力』の組織的・システマティックな乱用・悪用・誤用である。どんな社会集団であれ、強さやサイズ、能力、個性の強さや構成人数の差に起因した、あるいは公認された階層性に起因した『力』関係は常に存在するが、そういう『力』は乱用することもできる。もし、『力』の乱用が組織的、つまり繰り返し意図的に行われるのなら、その行為は『イジメ』と呼ぶにふさわしい」としている。つまり、身体的な、また集団的な「力」の意図的な乱用をイジメであると彼らは定義する。

イギリス教育省の作成した学校向けイジメ防止パンフレット「BULLING: DON'T SUFFER IN SILENCE」によると、「イジメとは多くの定義があるが、多くの場合、①イジメは故意に人を傷付ける行為である、②イジメは、一定期間に何度も繰り返される、③イジメはイジメられている者にとって自分自身を守ることは困難である、という三点が必ず含まれる」とされている。さらにイジメのタイプとして大まかに以下の三つに分けている。一つめは身体的なもので、「殴る」、「蹴る」、「所持品を奪う」、二つめは言語的なもので、「罵倒する」、「侮辱する」、「人種差別的なことをいう」、三つめは間接的なことに関してで、「誰かについて不快なうわさを広める」、「社会的集団から誰かを排除する」、というものである。

以上のような定義と、オルウェスがノルウェーで用いた定義を統合し、教育省は「イギリス教育省・シェフィールド大学イジメ防止プロジェクト」(the DFE Sheffield University Anti Bulling Project)(後述)においてイジメの定義を作成した。この定義は、大人に対してではなく、子どもたちが読み、理解することを意図して定義された。

「他の児童・生徒あるいは仲間が、ある児童・生徒に対して不快なことをいっているとき、その子は脅されもしくはイジメられているという。ある児童・生徒が殴られたり、蹴られたり、脅されたり、部屋に閉じ込められたり、汚い言葉を浴びせられたり、あるいは誰も話し掛けようとさえしない、といった類のときもまたイジメである。このようなことは頻繁に起こり得るし、イジメられている児童・生徒が、むかつくやり方で繰り返しからかわれることもまたイジメである。しかし、同等の能力・体力を持った二人の生徒がしばしけんかしたり口論するのはイジメではない」。

このパンフレットによると、イジメの定義について各学校で議論することがイジメ問題に近づく第一歩目だとされている。イジメとは何かについて、誰もが知り、何がイジメで何がイジメでないかについて話し合うべきだとしている。意見が多岐に分かれることは明らかであるが、そこで敢えて互いに議論を重ねることが何らかの解決策を生み出す有効な手段となるのではないか、と確信に満ちて記されている。

先に挙げたイジメの定義は、決して絶対的なものではなくあくまでも基本的なもので、各学校で話し合うための「材料」となることを目的としている。

これは、誰かが作ったものにぶら下がって問題がわかったつもりになるのではなく、自分の身近な現状を見つめることで自分の力でイジメという問題に接近していくべきだ、というイギリス社会の姿勢を反映しているものだと思われる。

次項は調査などから明らかにされたイギリスのイジメの実態について見ていく。

五　イギリスのイジメの実態

イジメを捉える基本的視線が確立されることによって把握されたイジメの実態とはどの様なものなのか。独自のプロジェクトを開発しなければならないほど深刻化したイギリスのイジメの状況と、その問題の所在はどこにあるのか。本項ではイギリスのイジメの発生状況と構造的特徴、その問題性について述べて行きたい。

1　イジメの発生状況

(1)　イジメ調査

イジメに関する調査で代表的なものはシェフィールドで行われた調査が挙げられる（後述）。一方、その他の調査『学校の秩序に関する北アイルランド報告書』（一九八七）によると、初等学校でのイジメが一六パーセント認められ、中等学校では二〇パーセントだった。また小規模の総合制中等学校で、一四歳の生徒の五〇パーセントが前の週の間少なくとも一回蹴られそうになったと報告され、この同じ集団の三六パーセントが自分の持ち物を壊されそうになったと回答をしている。イギリスにおいてもかなり広範囲に学校内でイジメが行われていることがわかる。

(2) シェフィールド・第一回アンケート調査(一九九〇年)　イギリス国内で、数量的に行われた最初のイジメ実態調査は、一九九〇年にイングランド中部に位置する工業都市シェフィールド市で行われた調査である。シェフィールド大学のピーター・スミスらが中心になって行ったもので、同市内の初等学校および中等学校の児童・生徒六、七五八名(初等学校二、六二三名、中等学校四、一三五名)を対象に、質問紙はノルウェーのオルウェスが行った調査用紙をもとに作成し、アンケート調査を行った。なお、イギリスの初等学校(primary school)とは、七〜一一歳の児童の通う、日本の小学校に該当するものである。また、中等学校(secondary school)とは、日本の中学校、高等学校を合わせたもので、一一歳〜一八歳の生徒を対象とした学校である。

① 調査の目的　調査の目的は、より多くの学校でより多くの生徒たちを対象に、イジメの広がりとその年齢別、性別的特徴を確認することだった。この調査がその後の教育省との合同プロジェクトへとつながっていくのである。

この調査研究は、アンケート調査の集計のみにとどまらず、「イジメ調査サービス」という活動に結びつけることも目的の一つであった。各学校で行ったアンケート調査の結果を分析して、その学校の生徒たちが直面しているイジメの程度と種類について、必要であればクラス単位、性別ごとに情報を分類した上で、「情報ファイル」を作成し、学校に送り返すのである。

このサービスの情報はシェフィールド地区すべての初等・中等学校に送られ、サービスが無償であること、もし調査のあとイジメへの介入を決定した場合、それに関連した支援も受けられるだろうことが伝えられた。地区の八〇校の学校の内、サービスに関心を示したのは五〇校以上で、この中から地理的分布と社会文化的分布に配慮して一七校の初等学校と七校の中等学校が選びだされた。

② 調査結果

［1］ イジメられ・イジメ頻度 —— 調査結果は、イジメが広範囲で発生していることを裏付けるものだった。

一学期の中に「時々」イジメられた経験を持つ小学生は全体の二七パーセントを占め、中等学校の生徒は一〇パーセントを占めている。また「一週間に一度以上」イジメられた小学生は一〇パーセント、中等学校の生徒は四パーセントであった。八歳から一六歳まで、学年が上がるにつれてイジメられた経験が減少する傾向があったが、中等学校の最初の学年は例外で、初等学校最終学年よりイジメられた経験が増加する傾向にあった。

一方「時々」イジメた経験の割合は、小学生で一二パーセント、中等学校の生徒で六パーセントであった。イジメられた経験のある者が、「時々」と「一週間に一度以上」の者を合わせると、小学生で三七パーセント、中学生で一四パーセントにのぼることから、イジメが学校で広範に広がっていることが明らかにされ、イギリス社会に大きな波紋を起こす結果となった。

［2］ 誰にイジメられたか —— 誰からイジメられたか、をみると、初等学校ではクラスの同級生によってイジメられるケースが最も多かった。中等学校では、自分と同じクラスの子や上級生にイジメられるケースよりも、学年は同じでも違うクラスの生徒にイジメられるケースの方が若干多かった。

［3］ イジメと性別 —— イジメられた経験のある者を性別で見ると、ごくわずかではあるが、女子よ

り男子の方に多くなっている。またイジメた経験がある者も男子の方が多かった。男子は男子同士にイジメられ、女子は女子同士、という傾向が見られるが、女子の場合、男子と女子双方にイジメられるケースも多かった。

［4］　イジメが起きた場所 ―― イジメの大部分は校庭で発生しており、特に初等学校においてその傾向が強い。中等学校では、校庭で起きるイジメとともに教室や廊下で起きるイジメも多くなっている。登下校の際にイジメられるケースは少なく、学校内でイジメられたというものの半数であった。

［5］　イジメのタイプ ―― イジメのほとんどは、「悪口」であり、次いで「相手のからだを叩く」、「脅す」といった行為が多かった。「悪口」をいわれたりする言説的なイジメや、「無視される」などの間接的なイジメを受けた経験のある者は、男子よりも女子の方が多く、また暴力的なイジメや「脅す」などのイジメは女子よりも男子の方に多い傾向が見られた。

人種差別のからむイジメも見られ、その内、特に「差別的な悪口」をいわれる経験をした者が多かった。これは女子よりも男子に多かった。

［6］　イジメられた経験の周囲の認知度 ―― イジメられたことを周囲の誰かが認知している割合は、イジメられた頻度に比例して高くなっている。特に初等学校ではこの傾向が多く見られる。また、教師よりも家の者の方が認知している場合が圧倒的に多くなっている。学年で見ると、初等学校の方が、中等学校よりも周囲のものが認知しており、例えば「週に三回～四回イジメを受けている」者でも周囲が認知している、という中等学校の生徒は初等学校のそれに比べ半数にも満たない。

③ 調査後　アンケート調査の結果は、学校別で「情報ファイル」にまとめられ、学校側にフィードバックされた。学校はファイルの情報から、校内で起きているイジメについてその全体像を把握するだけではなく、性別やクラス別に分類された情報をもとに、注意を要するイジメの「ホット・スポット（頻発している場所・状況）」を割り出すことが出来た。ファイルは学校が効果的な介入策を考え出すための刺激ともなり、重要な知識基盤となったのである。

④ イギリス教育省・シェフィールド・イジメ介入プロジェクト　以上の「シェフィールド・プロジェクト」の結果によって、イジメがかなり広範囲で子供たちの世界に浸透していることが明らかにされたことで、教育省は本格的にイジメ問題に取り組むことを決意し、一九九一年より「イギリス教育省・シェフィールド・イジメ介入プロジェクト」が開始された。

一九九〇年に行われた調査をもとに、イジメ介入策を編み出し、各学校がそれぞれイジメに対しての「指針・対策」を打ち出して実行していくことがこのプロジェクトの大きなねらいだった。そしてこのプロジェクトの結果、どのようなイジメ改善がなされたかの調査を行い、それを繰り返しながら四年をかけて、全校的な指針、対策案を作成することを大きな目標とした。

プロジェクトの内容は、(1)カリキュラムを通してイジメに取り組む、(2)イジメに直接介入する、(3)昼休みを変化させ、校庭を改善する、という三つがメインであった。プロジェクトの内容については後述することにして、四年間でイジメがどのように変化していったか見ていく。

① 達成指標の変化率　イジメ介入策によって「イジメ被害」「イジメ加害」に関する個人的な報告数

表1　イジメのタイプ別にみた4学期を通じてのイジメ行動の変化（校庭調査の結果から）

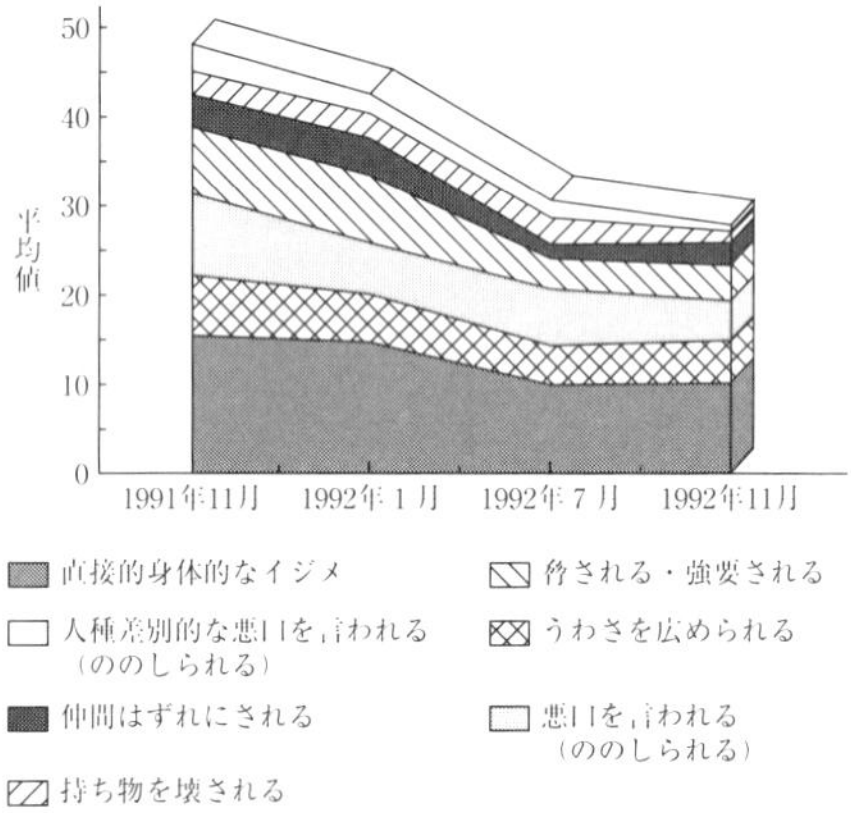

（出典）『いじめととりくんだ学校』ピーター・K・スミス、ソニア・シャープ編，7頁，ミネルヴァ書房。

は、平均的に減少した。「イジメ被害」プロジェクト参加校では、イジメを受けなかった生徒の数が有意に増加し、イジメを受けた回数が低下していた。またイジメられたとき、誰かにそのことを話す、特に教師に話す生徒の数が増加し、イジメたときに誰かに話しかけられた・とがめられたと報告する割合も増加した。イジメに対して多くの活動を展開した学校では、生徒たちがイジメに対して敏感になり、そのためにイジメの報告数の減少幅は、生徒たちが敏感になる以前に比べ小さいものとなったことが考えられる。

②　昼休み中間アンケート　表1は、大規模なアンケートとは別に、昼休みに行った調査の結果である。プロジェクトが進めば進むほど、八つのイジメのタイプそれぞれがともに減少していることが分かる。プロジェクトの成果がここでも見られる。

イジメ介入プロジェクトは、遅々としてではあるが、徐々に効果を奏し、意味のあるものとなっていることが以上のことから読み取れる。

2　イギリスのイジメ発生の特徴と問題

(1)　加害者、被害者、傍観者の特徴

以上のシェフィールドの調査から、イギリスの研究者たちは、以下のようにイジメの加害者、被害者の特徴を描きだしている。

まず加害者についてであるが、「イジメに荷担する子供たちの性格や態度は、かなり外向的である。また社会的に自信をもっている。良心の呵責や心配などは感じていない。自分の仲間内で支配的な地位を占めて力を持つことを自らの理想とし、この理想をきわめて積極的に追求している。また重要なことに、攻撃的行動を、自らを社会的地位を表現する当然かつ実際的な手法と考えており、この考え方は自分の家族の態度によっても支持されていると感じている」とイジメの加害者についての特徴を述べている（P・K・スミス、S・シャープ『イジメと取り組んだ学校』一九九六年、二頁）。

次に被害者であるが、「イジメられる生徒たちの性格は多くの意味でこれとは反対である。一般的にこの子達は、同輩との関係で自信を欠いている。自己主張が下手で、特に他人の攻撃的な反応に効果的に対処することが出来ない。対人関係において不安を表す傾向も、より強い。子供たちの被害者化指数は、本人の攻撃性指数とは相関せず、同輩による拒絶指数とはプラスの相関関係にあり、同輩による受容とはマイナスの相関関係にある」としている。更に、イジメられる子の中には、さしたる理由もなく一方的にイジメられる「古典的」な被害者がいる一方で、自らの行動（邪魔になる、不適当である）によって、イジメを招く「挑発的」な被害者もいる。同様に、イジメる子の中にも、ふつう考えられているような「イジメっ子」のほかに、イジメもするがイジメられもする「イジメ・イジメられる子」や「不安を抱えた被害者」がいることが教師の記

述から分かっている。

(2) イジメと性

イジメは、従来男子と女子でタイプが違うと考えられてきた。男子によるイジメはより身体的で、女子によるイジメは言語的である、というものである。しかし最近はむしろ「身体的」対「言語的」というよりも「直接的」対「間接的」と表現するようになってきている。

つまり男子は殴ったり、蹴ったり、脅迫する、といった「直接的」な手段のイジメが多く、女子は「間接的」なイジメ、例えばからかう、うわさを広げる、仲間外れにする、こき下ろしたり、けなしたり、着ている服について品評する、といったイジメが多いといえる。

しかし、イギリスの児童心理学者で集団療法の専門家であるホワイトランド大学助教授のヘレン・コウイによると、ここ数年、直接的な暴力が女の子達にも増加し、女の子達の間でも物理的なイジメが増え、暴力的になってきた傾向がみえる。しかし、イジメについて何かしようという気持ちは、暴力的な傾向になってきたとはいえ、男の子よりも女の子に強いということが明らかになっている。

(3) イジメと人種問題

イギリスではさまざまな人種の人々が暮らしている。学校の中にも、さまざまな国の子どもが学んでいる。ということは必然的に、子供たちの間での異人種間でのからかいや中傷などに始まるイジメの存在が予想される。

このような予想通り、一部の学校では人種によるイジメが、長年特に関心を引いてきた。人種的イジメから子ども一人が命を落とすという事件もこれまでに起きている。同年齢、同性間で比較すると、アジア系の姓の方が、白人系よりも、人種的なののしりを受けていることが多い。

ヘレン・コウイは次のように述べている。

「一九八〇年代の終わり頃Cooperative Group Work（協同グループ作業）プロジェクトを通してイジメを発見しました。シェフィールドの学校、特に中心部の学校での人種差別問題に取り組んでいたときに、クラスのなかに無神経なボスがいて、イジメを行っていることを掴んだのです。人種的に多様な子供たちを抱えた学校では人間関係が非常に複雑でした。子供たちはさまざまな人種的な背景を背負っていた上、それぞれのグループが緊張関係にあり、暴力が絶えませんでした」。

彼女の発言から、イギリスにおいては、人種差別によるイジメの絶え間ない発生がイジメ研究をここまで促進させた最も有力な理由であることが理解される。

(4) イジメの人数と場所　イジメがどのくらいの規模でおこなわれるかについてのシェフィールド調査によれば、一対一のイジメが半数を占め、複数生徒からなるグループが関与したイジメが残り半数を占めている。

イジメが発生する場所としては、校庭が最も発生率が高くなっている。校庭は普通、学校の中で最も監督の行き届かない場所であるからである。しかし、教室、廊下、その他の場所でもイジメは起きている。

(5) イジメと非行　イギリスではイジメが非行と結びついていることが非常に注目されている。実際にイジメを働いた生徒が、非行行為を犯す例も数多く見られ、イジメの延長線上に非行があることが指摘されている。例えばヘレン・コウイは次のように述べている。「イジメの連続線上に非行があります。非行が多発している環境や地域では、学校内のイジメが非行の予行演習になっています。たとえばイギリス北部のある街で失業率が高く、昔から失業者が多く、犯罪も多い土地があります。ここはイジメの発生率も高いのですが、学校で行っているイジメ調停策と並行して犯罪追放を目的とした対策に警察や地域活動化が強い姿勢で取り組んでいます」。

(6) イジメの報告率

イジメの被害について自分の周囲がどのくらい知っているのか。この問いに対して、かなり低い回答が見られた。つまり、無記名のアンケート調査で、イジメの被害を認める生徒たちの半数が、家や学校の誰にもそれまでのイジメについて話をしたことはないと回答したのである。子どもたちは、被害について話すことができないほど怯え、あるいは自分自身を責め、告発するのに必要な自信をもてないでいるのではないか、と考えられている。

(7) イジメの背景にあるもの

イジメの背景にあるものとして基本的に考えられているものは、以下の三点である。一つは家庭の問題である。ヘレン・コウイは「家庭内に適切な役割モデルがない場合、貧困家庭、家庭内の人間が複雑な場合、イジメっ子が生まれやすいと思います。また親が子どもの夜の行動に目を光らせるだけの厳しさや判断力がない場合もそうです。現実社会の中によくない役割モデルがあったり、反社会的な方向に引き付けるものがある場合、そちらに傾く大きな吸引力となってしまうのです」。また「親が貧困、失業、夫婦関係の問題、薬の中毒、アルコール問題などのさまざまな問題を抱えている家庭の子どもにもありがちです。イジメている子どもは理由は何であれ、感情を押し殺したり感じることをやめてしまった子供たちなのです。共感することのない子供たちに育てたのは家庭の責任でもあるのです」。そして「こうなってしまったのは両親に慈しんで育てられたことがないことも一つの理由です」と述べている。

二つ目は「人種差別」である。肌の色の違う子どもたちや言葉の違う子どもたちに対しての差別が、イジメを生んでいると考えられている。

三番目が学校である。子どもが自分らしく、かつ他者を思いやりながら楽しく過ごせる学校作りをしてこなかった学校環境にもイジメを生み出す原因があると考えるのである。環境だけでなくカリキュラムの問題もある。イギリスには国で定めた明確な学業到達指針があり、これは全国統一の達成基準となっている。毎年全国の成績対比一覧表が公表される。この一覧表で上の方にランクされるために、教師や生徒にもプレッシャーがかかっているのが現実だ。これによって生徒指導（pastoral curriculum）の時間が少なくなり生徒を見る時間がかなり減った。もちろん生徒指導の時間はあり、定期的な査察があり、学校ごとの学業到達度やイジメ対策などを含む生徒指導の状況が調べられる。しかし、現場の教師は以前に比べて生徒をゆっくり見る時間がなくなったと訴えている。その理由の一つに教師が事務処理に追われていることが挙げられている。生徒を観察し、生徒の学業成績について記録し、成績も記録しておかなければならないのだ。これは思いやりのある学校作りにも間接的に影響を及ぼしているのではないか、と考えられているのである。

六　イギリスにおけるイジメへの対応策

一九八〇年代末から始まったイギリスのイジメへの対応策は、イジメの実態調査やそれへの介入を繰り返し効果測定するなど、研究が深まるにつれ、より実態に合ったものへとなっていった。始まった当初はノル

図1　イジメをめぐる協力関係：イジメられる生徒を支援し、イジメの行為を弱めるための具体的プログラム

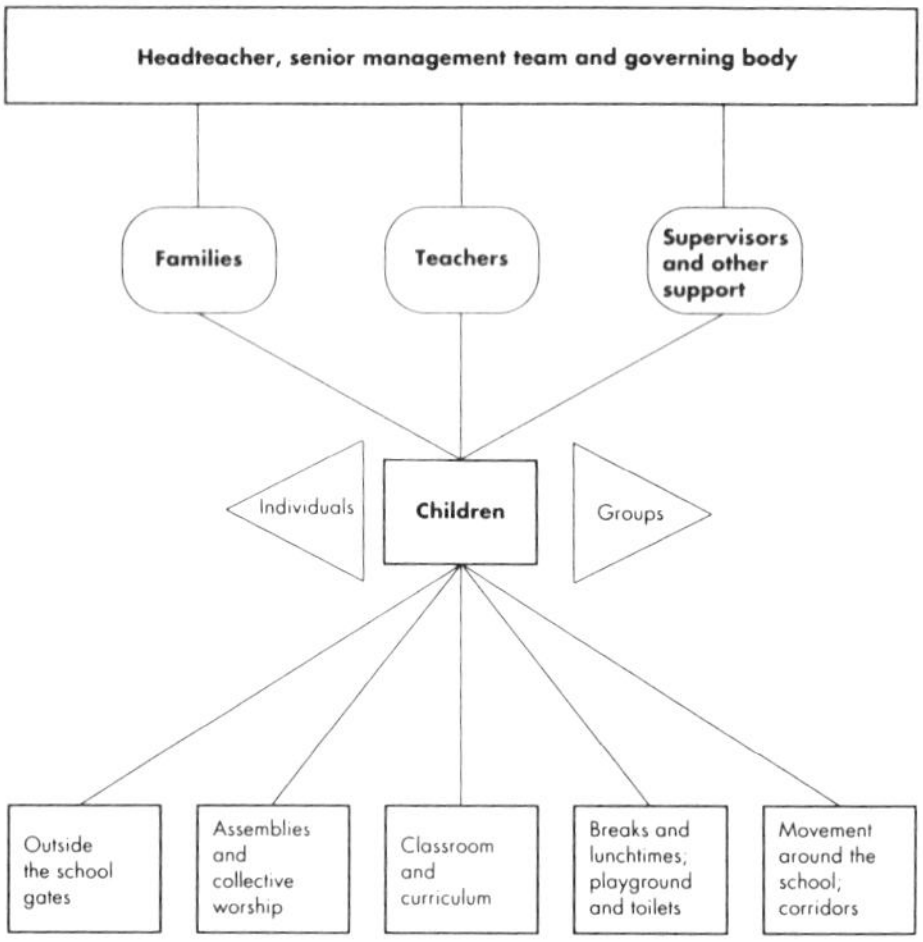

(出典)："School Bullying" Peter K. Smith and Sonia Sharp, ROUTLEDGE, 1994, p. 56.

ウェーなどの北欧諸国のイジメ介入プロジェクトを導入し、恐る恐る試してみるようなものであった。しかし多発するイジメを背景とした自殺事件や「輸入の」介入プロジェクトでは対応できない問題が積み重なり、それらを一つ一つクリアしていく過程で、徐々にイギリスで起きているイジメ、そしてそれを取り囲むイギリス社会にマッチした独自の方法が編み出されるようになった。それは日本のイジメへの対応に比べ、イジメ問題に対して積極的で篤実な姿勢が現れており、非常に敏速かつ行動的なものであった。

1　全体的な取り組み

イギリスでのイジメ対策は、主に学校中心に行われている、という特徴がある。学校の中にイジメ対策のカリキュラムが作られ、積極的にイジメを発見し、介入していこう、という学校も多々見られる。しかしそれは学校の内部だけで行われるのではなく、学校が率先してイジメに対して働きかけ、それが家庭や、地域を巻き込み協力していく形でイジメと戦う、というしくみになっている。また、学校以外の組織が、イジメ被害に遭っている子どもやその親、またイジメている子どもやその親をサポートしていくシステムも出来あがっている（図1）。

イギリス教育省も『イジメ――一人で悩まないで』（"Don't suffer in silence"）というガイドラインを作成し、学校、親、そして子どもに向けて、イジメへの心構えと対処の仕方を説明している。例えば、学校に対してはイジメにどう対処するべきか、教師はイジメにどう接していけばよいのか、イジメを発見するにはどうするのか、イジメを学校で教える方法とは、など具体的な活動内容と方法について詳しくわかりやすく書かれている。親に対してのアドバイスも事細かに書かれている。例えば、①自分の子どもがイジメにあったときは話し合うこと、その時には静かに落ち着いて話すこと、②子どもがイジメについて話してくれたことは正しいことである、と子どもに安心感を与えること、など子どもがイジメられた場合の適切なアドヴァイスが書かれている。また、自分の子どもがイジメた場合も、①子どもと話し合うこと、そして今やっていることは他の子どもを不幸にさせることを説明してやること、②イジメをせずに仲間になれる方法を子どもに示してやること、など親としての姿勢がどうあるべきか、詳細に書かれている。

このように、子どもを中心に、学校、家庭、援助組織、そして国家レベルでイジメに取り組む様子が伺える。

2 シェフィールド・プロジェクト

イギリスの学校向けのイジメ対応策の大きな根幹となっているものは、「イギリス教育省・シェフィールド大学イジメ防止プロジェクト」(the DFE Sheffield University Anti Bulling Project) である。

(1) 経緯

同プロジェクトは、前章で述べたシェフィールド大学のピーター・スミスが中心に行っていた「イジメ防止プロジェクト」に、イギリス政府が助成し、一九九一年四月から一九九三年八月まで、四年にわたって行われたものである。このプロジェクトへはシェフィールド市内の一六の小学校と七つの中学校、合計二三校が関与を希望して参加した。プロジェクトの本来のねらい、つまり核心は教員、学校職員、保護者、学校理事、児童、生徒が、イジメとはなにか、イジメはなぜ起こり、それによってどういう結果がもたらされるかについて、まずお互いに勉強し、相談する場をつくることであった。そして長い時間をかけて、全校的な防止方針とその防止方法を開発し、確立することであった。つまり全校的な指導方針の開発と確立が、イジメ防止教育の中枢だった。指導方針の開発と確立の後は、イジメの定義や防止のために何をすべきか、そして起きたときどう対応すればよいか、そしてどのような記録を保存しておくべきかなどをまとめた小冊子を作成し、配布する。そしてイジメの当事者や第三者がイジメの事実を周囲に自由に伝えることのできる雰囲気づくりをし、そして指導方針が有効であるかを見分けるために、継続的に効果測定を行っていくことが基本的な原則とされている。

(2) 具体的活動内容

① カリキュラムに取り入れられている活動 —— 学校のカリキュラムに取り入れられているイジメ介入

活動は、主に被害者を早期にかつ適切に周囲が発見され、イジメについて、またイジメについて何をすべきかについて生徒たち同士が話し合えるよう励ますために授業で使用出来る材料となるものが多い。たとえば、ⓐビデオ教材を取り入れたクラス討論がある。討論のたたき台として生徒たちへのイジメに関するインタビューなどを写した『棒と石』というビデオを流し、生徒同士でイジメについて話し合うきっかけを与えるものとなっている。また、ⓑネティ・ネティ劇団による演劇『ただふざけているだけです 先生』のビデオ使用である。ビデオの内容は障害者の問題や人種的な問題を提起するもので、このビデオには台本があり、視聴後に補充指導を行うための多数のアイデアが盛り込まれている。さらに、ⓒ文学作品を使った方法もある。『ハートストーン・オデッセイ』（'The Heartstone Odyssey'）という人種的な迫害とイジメについての問題を取り扱った物語で、人種的な差別によるイジメと戦う主人公が子供たちの討論を触発する形となっている。また、ⓓ生徒参加を実現するための自主的改善活動（QC）という方法もある。関心のある者が集まり情報交換をし、介入方法を話し合いながら実践していくのである。

先に述べたように、イギリスのイジメ問題は、人種問題が大きく絡んでいることから、カリキュラムとして挙げられた教材にも、人種差別について子供たちに考えさせるものが多くなっている。

② イジメ状況に直接介入する —— このアプローチは、イジメの被害者・加害者双方に直接的に働きかけることを目的としているものである。まず、ⓘ被害者のための主張訓練が挙げられる。子供たちを他者関係に目覚めさせることがこの訓練の目的である。イジメをうまく切り抜け、あるいは防ぐことに役立つと思われる主張スキルが紹介され、さまざまなワークショップが開かれるようになった。ヘレン・コウイは「自

信をつけていくトレーニングを積み重ねていくと、イジメを無くすことはできなくても、イジメられる子がイジメにうまく対処できるようになり、自分に自信を取り戻すことが出来るのです。例えば、逃げ出してつらい思いをするのではなく、〝それはしないでほしい。そういう風に触られるのはいやだから〟と言いかえす、という風に。弱さをはねかえす方法へ後押しする方法はあるのです」と述べている。また、ⓘイジメ当事者たちへの直接的な働きかけの方法も挙げられる。スウェーデンのピーカスが開発した「関心共有法」を用い、イジメの被害者・加害者各人との話し合いを進展させるのである。子どもたちに互いへの寛容を促進させるのが関心共有法の目的である。ヘレン・コウイはインタビューで「人間関係を違った側面から捉えることを教えることが出来たら……。イジメる子は人間関係を円満にすることがへた。その他の研究結果からも、こういった子どもは大人になってイジメる子の父親になり易い」。また「イジメっ子自身を罰するのではなく、やったことはいけないけれど、君自身を否定しているのではない、という。力になるような調停をすると、彼らが生まれ変わるようなチャンスがある。カウンセリングの領域では、イジメの対象になっている子どもにもイジメている子どもにもカウンセリングは必要だと思う」とイジメる子どもについて述べている。

ⓘⓘⓘ学校法廷、またはイジメ裁判という方法もある。これはキッドスケープが主張したアプローチで、まず一人から数人の教職員とともに「裁判所」を構成する生徒が選出される。イジメが報告されると、「裁判」を開き、イジメに関わったすべての当事者たちの話を聞き、イジメに対してどんな行為で臨むべきかを決定するのである。ここではイジメの傍観者にも働きかけるような効果も期待されている。ヘレンは「つらい思いをしている子を助けるために積極的に仲裁にはいる子と、何が起こっているのか解っていて何もしない子の

ギャップに注目するべき。多くのイジメを無くす鍵はここにある」とのべ、「裁判」などを通し、イジメを傍観している子どもへの対処の重要性について語っている。ⅳ子ども同士のカウンセリングという手段もある。生徒たちが子ども同士自主的にカウンセリングを行うのである。実際にイジメにあった子どもや、イジメた経験を持つ子どもがカウンセラーとなる場合が多い。

③ 効 果 —— 全国の学校すべてにこの結果の資料を含めたパックが一式ずつ配布された。イジメ問題の調停や対応、統計、それぞれの地域の現状調査のガイドラインなどが盛り込まれている。学校での生徒指導が再考され、その必要性が見直されていることは確かだ。イジメ追放活動を盛んに繰り広げている学校ではイジメの発生が驚くほど減少している。イジメが減り、子どもの自尊心が高まり、学校の学習の場としての環境が整ってきている。ⓥ昼休みの改善も方法の一つである。昼休みにイジメが行われることが多いことが調査から明らかになったことから、「昼休み指導員」を作り、昼休みのすごし方を、もっと有意義にするための工夫がなされるようになった。

(3) 校庭環境を改善するプロジェクト　シェフィールド・プロジェクトと平行して行われたプロジェクトの一つに「校庭改善プロジェクト」がある。先に述べたとおり、イギリスの学校において、イジメの多くは休み時間に学校の校庭で起きているケースが多かった。シェフィールド地区で二四の学校を調査した研究でも、イジメが目立って校庭で起きていることは確認されている。イジメが校庭で多発する原因として、校庭での監督不行き届きが挙げられるが、校庭の物理的側面に影響を受けるその他の原因も考えられるとしたのがシェフィールド大学の景観学部を中心としたグループである。「その他の原因」とは、例えば、校庭での退

図２　「理想の校庭」とは？

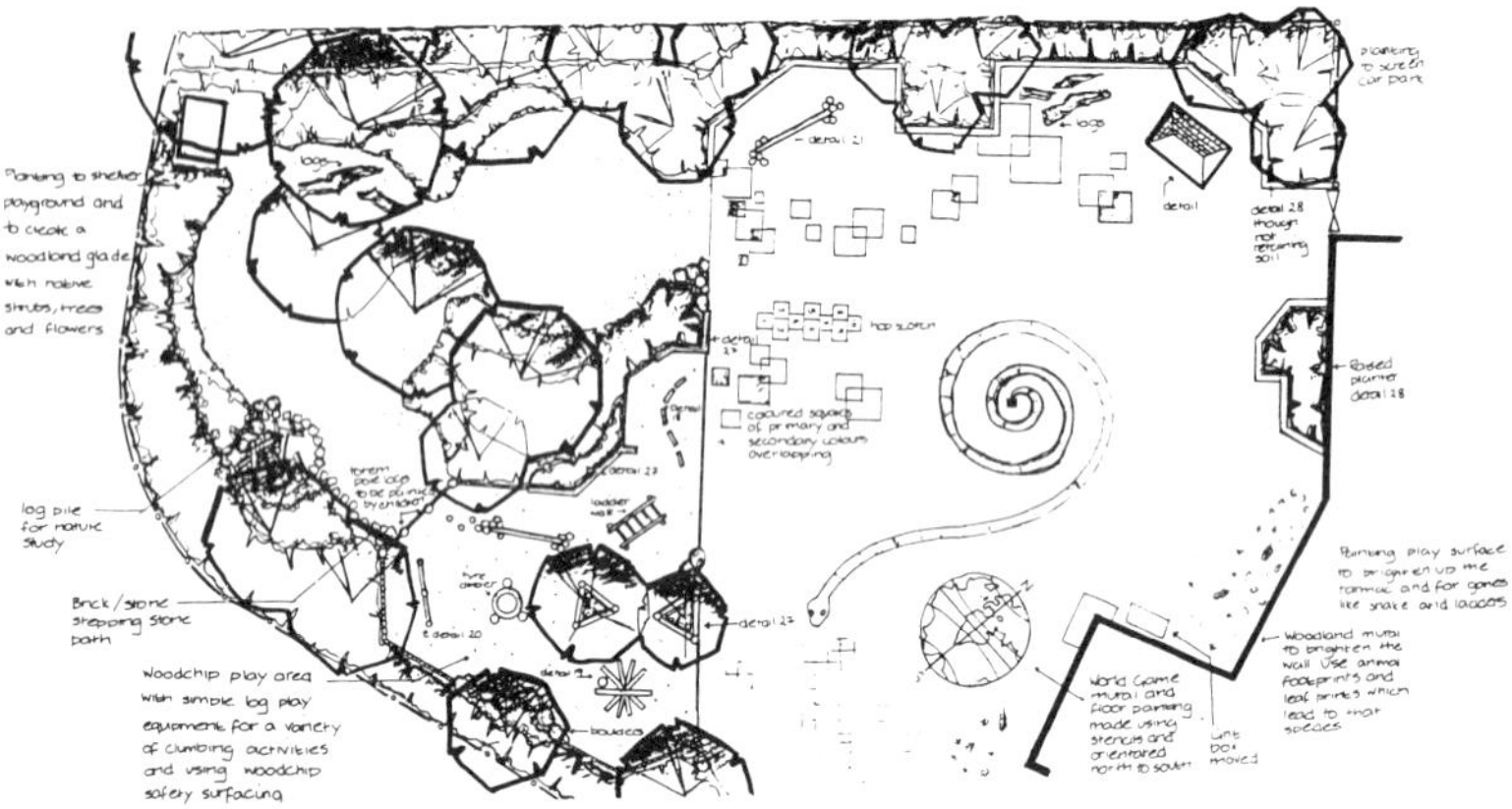

(出典) "TACKLING BULLYING IN YOUR SCHOOL" Sonia Sharp and Peter K. Swith, ROUTLEDGE, 1994.

屈感、混雑、周縁化、そして自尊心を高める機会の欠如、である。

ここから学校の校庭環境を向上することが、イジメへの意味ある介入策になるかもしれない、そう考えて計画されたのが校庭改善プロジェクトである。

① 経　緯 ―― イギリスでは、一九八〇年代になって校庭環境を自然環境保全の立場から改善しようという運動が高まった。また学校芸術運動の立場からも校庭の視覚的改善を行い、教育資源としての校庭の環境の重要性について人々の関心はかなり高まっていった。しかし学校の物理的環境を子どもの遊びや社会的成長に貢献するような「全的な環境」に作り上げるために改善する、といったトータルな視線は欠けていた。同プロジェクトでは校庭を人間、場所の双方に働きかけるものにするため行動を開始することにしたのである。

その方法の一つとして、校庭の設計に子供たちを「参加」させることであった。校庭改善のプロセスにこのプロジェクトの重要なポイントがあったのである。具体的活動内容としては、子供たちに自由に「理想の校庭」の図を描いてもらい、さらにそれをシェフィールド大学の研究者たちがデザイン画としてまとめる、というものであった（図2）。

参加設計というプロセスを経て、自分たちのすごす校庭に興味と責任感を覚えさせることはもちろん、話し合いを通して、協力する能力、議論する能力、異なる意見を受け入れる態度、忍耐、交渉し、時に妥協する能力などの社会的スキルの向上という効果がねらわれた。プロジェクトチームの信念は、①貧しい環境は、イジメの発生に影響する、②参加型環境設計は、重要な役割を持つ、③多様で豊かで集うに値する環境を創造し、子供たちの中にポジティブな行動を促進することは可能である、という三つのことであった。こうした信念に導かれ、プロジェクトは進められた。

② 結　果 ―― 子供たちの発想をもとに描かれた校庭デザインをもとに、校庭環境プロジェクト参加校は、少しずつ校庭を改善していった。ある学校は丸太でベンチや遊び小屋をつくり、「冒険エリア」と名付け、子供たちが楽しく遊べる空間をつくりあげた。また、芝生エリアを拡大したり植木を増やすなどの工夫を各学校が行い、子供たちの校庭への満足度は上昇していった。

イジメ対策としてこのプロジェクトが有効かどうか、はっきりとした回答は出されていないが、子供たちが自らの参加的行為に満足し、このことが子供たちの意識に何らかの変化をもたらしていることは間違いない。

ヘレン・コウイはこの活動についてのインタビューで次のように述べた。「環境は非常に重要であると思っ

写真 「イジメに負けるな」
キッズスケープによるイジメに関するガイドライン

ています。イジメ問題の解決もそれに関わっていると思います。学校さえ前向きで活発なイジメ対策の方針を持っていれば、そして学校が当事者調停をして相互関係を正常化すれば、一般的に、イジメは減少しています」。また「そういう学校では誰もが互いに注意しあい、そして反社会的行動があれば対決する態度が芽生えています。お互いに思いやりをもち、支えあう気持ちがあれば成果も上がり、次第にイジメの発生も治まり、状況も改善されます。生徒の自尊心も高まり、学校環境が以前よりかなり改善されます」と学校環境の改善の重要性を述べている。

3　援助機関による取り組み

学校以外でもさまざまな援助組織が構成され、子供たちをイジメから助けられるよう活動している。最も大きな組織としては「キッドスケープ」が挙げられる。これは子どもの安全に関わる問題に取り組む全国規模の非営利団体で、これまでに学校の安全教育（例：知らない人に話しかけない、助けを求めるなど）のためのカリキュラム対策を作成・提供したり、イジメに関するガイドラインなどを作成・発表している（写真）。電話によるイジメ相談室も設けており、イギリス全国からイジメに関する相談を受け付けている。イジメられた子どもばかりでなくイジメた子どもへの対処にも力を入れており、例えば筆者がインタビューしたキッズスケープのあるカウンセラーは「調停の中でも親身になって接する方法が効果が最もありました。イジメをやったことの善悪を判断するのではなく、どうしたらよいのか、そしてどのように変えていったらよいのかに重点を置きます」と答えている。

七　イジメ問題の将来

これまで見てきたように、イギリス社会はイジメ問題に対して、日本よりも遅くとりかかりはじめたにもかかわらず、非常に迅速に組織的に、そして総合的に取り組んでいる。そこには、子どもが安全であること、そして将来も安全に育っていくことを見守る暖かい大人の視線が介在している。

自分たちの子どもが将来どんな大人になってほしいのか。イギリスでは、それは自分自身をしっかりともち、自分の価値観ももち、他人との関係を積極的に楽しみ、他人を思いやり、他人の力になれる、そういう市民性を備えた人間なのではないか、と言う。イギリスのイジメ問題を探るうちにみえてきたものは、こういった、ヒューマニティの哲学の存在である。

インタビューに答えてヘレン・コウイはこう述べている。「思いやりと助け合い、民主的な価値観、そして誰もが意見を述べ、教育を受け、平和を享受し、安全に毎日を送る権利を持っています。毎日を安全に送ることが尊重され、守られることが基本的な人権ではないでしょうか。こういう事は学校だからこそ子供たちに経験させることが出来るのです。もちろん、家庭や地域で専門家が活動することを否定するものではありません。そして、学校と地域の社会福祉事業、警察、地域活動家などがパートナーとしてともに手を携えれば恐らく問題解決への近道になるでしょう」。

学校だけでもなく、家庭だけでもなく、社会全体で、子供たちを育てていくべきなのではないか、と彼女は言っているのだ。

イギリスの社会全体が「イジメは許さない」という、誰の目にも明らかな雰囲気を今作りつつあること、小さい頃からのしつけ、社会性を身につけさせること、学校教育、この三つが子どもを育てるのに重要なことだと強く自覚している、これが全体を通してみえてきたことである。今の日本に、学ぶべき点は多い。

［参考文献］

(1) BULLING IN SCHOOL, Edited by Delwyn P. Tattum and David A. Lane, Trentham Books 1988.
(2) SCHOOLBULLING, Edited by Peter K. Smith and Sonia Sharp, ROUTLEDGE, 1994.
(3) TACKLING BULLING IN YOUR SCHOOL, Edited by Peter K. Smith and Sonia Sharp, ROUTLEDGE, 1994.

(4) イギリス教育省、佐々木保行監訳『いじめ―一人で悩まないで―』、教育開発研究所、一九九六。

(5) ピーター・K・スミス、ソニア・シャープ編、守屋慶子、高橋通子監訳『いじめと取り組んだ学校』、ミネルヴァ書房、一九九六。

(6) Bullying, Michele Elliott, Kidscape, 1997.

(7) COUNTERING BULLYING, Delwyn Tatum and Graham Herbert, Trentham Books, 1993.

(8) EDUCATION in the UK, Mackinnon, Statham and Hales, The Open University Press, 1996.

(9) ヘレン・コウイの発言は、清永奈穂も参加した一九九九年にイギリスで開催された「青少年問題会議」（主催・Trust for the Study of Adolesconce）でなされたものである。

4 ドイツにおけるイジメ

小玉亮子
横浜市立大学助教授

一 はじめに――ドイツのイジメ問題を述べるに当って

「とうとうあいつは、うっかりこう言って、赤くなった。『ぼく、きみにきっとおかね持ってくるよ』あいつはぼくにとっておもしろい存在になった。ほかの五十人の生徒の中で、それまではぼくが全然注目していなかった人物だったのさ。あんなやつは数のうちにはいっていなかっただろう? ところが突然、あいつがぼくの身近に寄ってきたために、ぼくはあいつをすみずみまでながめることになった。」

これは、小説『生徒テルレスの惑い』[1]（ムージル、一九六六年、四八頁。以下、頁数のみで表示する）の中で、二人の少年が標的を見つけ、そうして一連の出来事が起こる、その始まりが主人公のテルレスに告げられる場面である。作者であるローベルト・ムージルが、処女作であるこの小説を発表したのは一九〇六年のことである。彼は、その後一九四九年には、「今世紀ドイツ語圏の最も重要な作家である」とロンドンタイムズ紙に評されている。この小説は、今から一〇〇年以上もむかし、十九世紀末のメーリッシュ・ヴァイスキルヒェン陸軍高等実科学校における作者自身の体験にもとづいて書かれたものである。

発表当時、心理小説ともリアリズム小説とも言われたこの小説は、思春期の少年の内面を見事に描き出したものとして、センセーションを巻き起こし、そして非常に高い評価を受けた。当時の評価にたがわず、現在においてなお、小説の中で描かれる思春期の少年の戸惑い、混乱、心の葛藤は、共感と違和感を感じさせつつ読者を引き込んでいくのにあまりある。しかしながらそれ以上に、今私たちがこれを読むとき驚きを禁じ得ないのは、この小説が扱う出来事が、ほかならない〈イジメ〉である点である。一〇〇年も前の全寮制の陸軍に関係する中等学校というと、私たちにとってまったく計り知れない異世界である。そしてそこで起こる出来事もまた、私たちの感覚からは違和感を覚えずにはいられない側面を持っている。にもかかわらず、イジメの世界からのがれることができなくなっていく少年の心の動揺は、この問題を考えようとする私たちにある種のリアリズムをもって迫ってくる。

本章は、ドイツのイジメから、日本のイジメの問題を照射しようという試みである。ドイツでのイジメに対する理解は、どのようなものなのだろうか。日本におけるそれとどのように重なりあい、あるいは、相異がみられるのだろうか。時間・空間を越えた比較から見えてくるものを求めて、まずは、一〇〇年前のイジメの問題構成を明らかにすることからはじめたい。

二　生徒テルレス

「テルレスは、二人がバジーニの衣服をからだからはぎとり、細くてしなやかな鞭みたいなものでひっぱたいているのを、音で聞き分けていた。明らかに彼らは、すでにその用意をしていたのだ。たえず、かんべんしてくれ、と頼みつづけるバジーニのしくしく泣く声や低い苦痛の叫びを、彼は聞いた。しまいには、声をしのんだ怒号ともいえるうめき声しか聞こえなくなった。そしてそのあいまに、バイネベルクの低い声での悪口や、興奮してはあはあ言う息づかいが聞こえた。

彼は自分のすわっている場所を離れなかった。いちばんはじめの時には、いっしょにとびかかって、なぐりつけたいという動物的欲望が彼の心をとらえはしたが、自分だけが手遅れで、余分なものかもしれないという感じが彼をひきとめたのだ。彼の手足は、重い手で押さえつけられたように、感覚が麻痺していた。」（八一頁）

主人公テルレスは、私たちならばイジメと呼ぶ一連の出来事の中で初めは傍観者であった。イジメの犠牲者となったのは、彼のクラスメートのバジーニ。彼は、わずかなお金を盗んだことをクラスのなかのバイネベルクとライティングに知られ、二人のイジメの標的にされることになる。盗みをクラスに隠すかわりに服従すること。彼らの言い渡しにバジーニは従う。イジメの始まりに立ち合わされたテルレスは、二人の行為に嫌悪と同時に刺激を感じ、自分の内部にある二面性に混乱しながら傍観者の立場をとる。

混乱した感情の中で、そこからの脱出口をテルレスは探そうとする。初めは、両親に、そして、教師に。こうしてテルレスは手紙や会話の中でSOSを発するが、それは大人たちには届かない。彼が懸命に語った言葉は、彼の混乱を表現するものであっても、イジメの出口を求めるものとはならなかった。両親のあまりに正論で道徳的な返事は、テルレスにとってはかえってバジーニへのイジメを正当化するものとなり、数学の教師との会話は幻滅を抱いただけで終わった。

テルレスが抱いた大人たちへの幻滅は、イジメの加害者たちの言葉をかりて語られている。バイネベルグは、

「あの連中が得々としてもっている世界観なんて、いかにへなちょこなものか、きみに今わかっただろう。あんなものはごまかしで、いんちきで、低能な考えさ！　貧血症状だよ！　なぜって、彼らの知力などは、科学的な説明を頭で考え出すという程度にまでしか及んでいないのさ。ところが一歩そとへ出ると、そんな説明は凍てついて役に立たないのだ、わかるだろう。」（九六頁）

また、ライティングは、

「家へ手紙を書くんだって！　そんなことを言うのは、きみがおやじやおふくろのことを考えているからだぜ！　そもそも彼らが、今のぼくたちの考えについて来られるだなんて、きみに言ったやつはだれだい？　ぼくたちは若いんだ、一世代あとの人間だ。彼らが将来、予感さえもしなかったことがらが、ぼくたちのためにとっておかれるかもしれない。」（一四一頁）

次第に事態はエスカレートしていき、テルレスが傍観者であることを許さなくなっていく。

「テルレスはがんと一撃をくらったような気がした。場合によるとライティングは、バジーニに対するのとまったく同じように彼に対してもふるまうかもしれないぞ、というバイネベルクの言葉を、彼は思いだしたのだ。もしほんとうに、彼に対して陰謀がなされるとしたら、彼はそれにどう対処したらよいだろうか？　そういう点では、彼はとうていあの二人の敵ではなかった。彼らはいったいどの程度までやる気だろうか？　バジーニの場合と同じだろうか？……」（一一八頁）

そして、加害者の仲間入りをしたテルレスは、バジーニに対する最終的な暴行の計画に同意を求められる。

「やつはぼくたちへの義務である服従へ慣れっこになって、もはやそれに苦しんではいない。あいつは、召使いみたいに図太くてなれなれしいたちなんだ。だから、あいつに対してもう一つ手を打つ時期が来ているんだ。きみも異存はないだろう？」（一三七頁）

「場合によったら、思いきってやつをクラスの連中にまかせてしまうのはどうだい。それがいちばんうまいやりかたかもしれないぜ。あんなにおおぜいいるんだから、みんなほんのちょっとずつくらわせても、やつの手足がばらばらになるほどのしちまうのには十分だよ。だいたいぼくは、こういう集団行動が好きなんだ。」（一三八頁）

しかしながら、テルレスは、過激になっていく暴行に嫌悪感をつよめていき、自分にもあからさまな悪意が向けられたときについに加害者たちに絶縁を告げる。

「きみたちが今やっていることは、無思慮で、不毛で、いやらしい虐待以外の何ものでもないんだぞ！」（一五一頁）

このとき、この言葉を発してしまったことで、テルレス自身もバジーニと同じ運命を招くことになるだろうと、テルレスは予想する。

結局、一連の出来事は、テルレスがあれほど幻滅したはずの大人たちによって終止符が打たれることになる。両親の道徳的な正論を思い出したテルレスは、バジーニに学校に保護を求めることを勧める。バジーニは教師たちに助けを求め、最終的な暴行は回避される。他方、加害者でありながら、同時に加害者たちを裏切ったテルレスは、混乱した感情のまま学校から逃亡し、そして再び学校に保護される。

「あのテルレスの頭のなかにいったい何がひそんでいるのか、わたしにはわかりません。しかしともかくあの生徒は、はなはだしい刺激過度の状態に置かれているのですから、学校にとどまることは、あの子にとっておそらくもはや適当ではありますまい。」（一六七頁）

この校長の言葉で、テルレスは学校を去ることとなる。最終的な暴行計画以外、テルレスの関与した一連の出来事は、生徒たちの沈黙によって大人たちが永遠にあずかり知らぬものとなり、混乱した感情について語るテルレスの言葉を大人たちは理解することはできない。大人から見れば、学校を飛び出したテルレスの行動はあまりに唐突で、テルレスの高ぶった言葉は常軌を逸したものとしか見えない。そして、イジメの標的となったバジーニもまた、イジメではなくイジメのきっかけとなった彼の行った盗みに対する罰として退学することになる。こうして、イジメの傍観者であり加害者ともなったテルレスと、イジメの被害者であったバジーニの二人が学校を去ることによって小説は終わる。

三　ドイツ語の〈イジメ〉という言葉（Mobbing, Schikane, Gewalt）

テルレスの時代から一〇〇年ほど後、一九九七年の夏に、ドイツの代表的な雑誌であるシュピーゲル誌は、ある記事の中でこの小説について言及している（Der Spiegel, 34/1997, S. 171）。記事の中で、この小説は、少年期において強者が弱者を身体的・精神的にいかに徹底的に破壊していくかを描き出したものであると述べられている。また、イジメは時に、犠牲者にとってそこからのがれることが不可能なものとなることが、この小説が書かれたすでに世紀転換期に示されているとも論じている。

確かに、この小説は今から一〇〇年も前の時代を扱ったものである。しかしながらここで描き出された、イジメにおける加害者と被害者、そして傍観者のねじれた関係は、今日のイジメの分析から得られる、傍観者が容易に加害者や被害者に転化する構図に重なり合う。

そして、ここでとりわけ注目されるのは、イジメに関わる少年たちのみならず彼らと教師と親という三者関係のありようが、この物語りの中で浮き上がってくる点である。そこでは、大人と子どものコミュニケーションの困難が描き出されるとともに、大人の知り得ない子どもの世界があることが示されている。そして、このケースにおいては、イジメという事態の進行に大人が関与することがきわめて困難であること、しかしながら、最終的な決着が当事者たちではなく、第三者、とりわけ大人の手によってなされたことが描かれている。ここでは、イジメに対する家族と学校の関係が問題化され、描き出されているのである。こういった論点は、現代のイジメ問題を考える上で、きわめて重要な示唆を与えるものであるといえよう。

そもそも、シュピーゲル誌がこの小説に言及した記事というのは、現代のドイツにおけるイジメをテーマとするものであった。この記事の中でテルレスの小説が言及されたことは、イジメという問題それ自体が、現代の学校の問題であるのと同様に、世紀転換期の少年たちの問題でもあったこと、すなわち、イジメが決して現代固有の問題とみなすことができないことをシュピーゲル誌が示そうとしたということができよう。

ところが、このようにイジメについて古くから記述がなされているにも関わらず、シュピーゲル誌は、ドイツでイジメが注目を集めるようになったのはごく最近であるというのである。

イジメについて生徒の書いた絵

（出典）：Der Spiegel 34/1997, S. 17.

1　Mobbing

シュピーゲル誌のこの記事のキーワードは、"Mobbing"という言葉である。ノルウェーやフィンランドなどでも用いられているこの言葉は、もともとは英語の"Mob"に由来する。すなわち、ドイツにとってみれば外来語である。記事では、"Mob"はドイツ語の"Pöbel"という暴徒や烏合の衆を意味する言葉であり、「"Mobbing"は組織的なもので、生徒たちのあいだで行われる力の濫用である」と説明される。外来語である"Mob"をそのまま導入したドイツにおける「新しい概念」だという。そして、「"Mobbing"は、大人の労働世界ではよく知られた現象であるが、教室や校庭〈でも〉通常起こりうるものである」（強調—小玉、Der Spiegel, S. 170）と述べられている。

このようなシュピーゲル誌の説明は、私たちにとって二つの興味深い点を示している。一つは、ドイツにおけるイジメの社会問題化が、日本にくらべてきわめて遅いことである。シュピーゲル誌が選んだ"Mobbing"という説明概念は、外来語に由来する「新しい概念」である。このことは、ドイツでの最近のイジメへの関心の高まりは諸外国に遅れているイジメへの関心が高まったことを示唆しているといえるのではないだろうか。

もう一つは、ドイツではイジメへの注目が子どもの問題として関心を集める前に、すでに大人の労働世界の問題として認識されていた点である。これもまた、現代の日本の事情とは異なる点であるといえよう。というのも、日本においては、まず、学校における子ども同士のあいだのイジメが社会問題化され、職員室内のイジメ、あるいは職場のイジメが論じられるようになり、そして、大人の世界にだってイジメはあるのだという議論が展開されるようになってきたという経過があるからである。

しかしながら、そもそも考えてみれば、日本の伝統的な村落共同体には、「村八分」と呼ばれる共同体規制があったのはよく知られるところである。これは大人たちの生活世界における少数排除の構図に他ならないもので、学級におけるイジメの構図ときわめて似た側面を持っていた。この類似性については、むしろ現代の子どもたち自身の方が自覚的であったことを示唆する例を見つけることは難しくない。そのささやかな例として、八十年代末から九十年代にかけて、子どもたちのあいだでイジメられる子どもに対して、「ムラハチ」

とか「ハッチ」といった言い方がひそかに流行していたことなどをあげることができる。このことは、あながち、現代の子どもたちのイジメと日本の伝統的な共同体規制のメカニズムとの関連があることを否定することはできない、一つの証左となっているのではないだろうか。

とはいえ、日本の伝統的な共同体規制とイジメの問題については、本稿の直接の課題ではないので、改めて検討することが必要になると考えられるが、(2) さしあたり、ここで、日本とドイツの比較において確認されるのは、現代日本においてイジメが社会問題化されたのは、まず学校の中の子どもたちの問題としてであり、そこから議論が大人社会へと拡大されていったのに対して、ドイツでは、子どもたちのなかのイジメの存在はきわめて古くから認識されていたけれども、それが社会問題化されたのは、きわめて新しいという点である。

シュピーゲル誌はイジメを論じるにあたって、キーワードとして“Mobbing”を取り上げたが、ドイツ語のイジメは、これにとどまらないいくつかの言葉で論じられている。“Mobbing”という概念が非常に新しいものであることを示す例ともなるが、以下でさらにその他の言葉についても整理しておきたい。

一九九七年のシュピール誌より前に、日本語のイジメにあたる言葉として、ドイツで用いられていた言葉の中で特に注目されるのは、“Schikane”という言葉と、“Gewalt”という言葉である。

2　Schikane

まず、前者の“Schikane”という言葉からみていこう。これは、シュピーゲル誌においてもまた、イジメの問題が今日深刻となっていることを示すためにある心理学者の言葉を引用する中で用いられている言葉である。この心理学者は、イジメの問題が今日深刻な問題であることを語る文脈で、"Mobbing"は学校文化の一部であり、「ドイツの学校では少なくとも十人に一人がひどくイジメられ（schikaniert werden）、十人に一人以上が他をイジメている（schikaniert）」（Der Spiegel, 34/1997, S. 170）と語っている。

ここで用いられた"Schikane"という言葉は、直訳すると「嫌がらせをする」とか、「陰謀をめぐらす」といった意味となる言葉であるが、現在のところ、ドイツの学校の問題を考える上で、この言葉にスポットライトがあてられて論じられているわけではない。(3) ただし、"Schikane"という言葉に焦点をあてた研究で注目される一つの著作がある。そのタイトルは、『日本の学校におけるいじめ――教育問題の視点から』というものので、現在ハレ大学で日本学（Japanologie）を研究しているA・エルベによる日本のイジメ問題に関する著作である。これはドイツにおける社会科学的日本研究のシリーズの中の一冊として一九九四年に出版されている（Erbe, 1994）。

この本の中では、日本においても重要な事件として議論された鹿川君事件等、八十年代後半のケースに焦点があてられ、イジメの動向、とそれらに関する議論が丁寧にまとめられている。この中で、日本語のイジメに、"Quälen（責め苛むこと）""Hänseln（愚弄すること）"という言葉が用いられているが、タイトルに用いられたように、"Schikane"がイジメを指す言葉のなかで最も重要な概念とされている。そして、エルベは、この言葉を、同じ集団に属する者たちのあいだの、強者―弱者関係の中で集合的な力が行使されることを意味するとしている。そして、弱者は繰り返し、攻撃的かつ一方的に排斥され、精神的・身体的に害され、こういった行為は意図的なものであると説明している（Erbe, 1994, S. 27)。

この本は、日本のイジメの研究であって、直接にドイツのイジメを論じたものではない。しかしながらこの研究は、ドイツにおけるイジメの事情を知る上で非常に興味深い示唆を与えてくれる。

エルベは、終章で、「イジメは日本的な行為なのか、それともイジメに対する反応のみが日本的なのか」(Erbe, 1994, S. 111)という問いをたてている。この問いに対して、青少年犯罪や自殺に関するデーターはあっても、日本のイジメに対応するような問題に関するデーターが欠如していて正確な比較は不可能であるという。ただし、一般論ではあるがとことわって、次のようにいう。

「ドイツでもイジメはある。
ドイツではイジメは残念なことではあるが、通常のもので変えられないものとして甘受されている。
ドイツでは子どもが攻撃的なあるいは卑しい行為をしても驚かない。」(Erbe, 1994, S. 112)

もちろん、イジメの行為が身体に危害を加えるようになったときには、問題とされることになるが、それはもはや、イジメとは呼ばないのだとエルベは言う。このドイツの状況から、エルベは問題をシフトさせる。つまり、日本にもドイツにもイジメが存在するのに対して、なぜ日本においてこれほど問題にされるのか、と。エルベはその理由の一つに、日本人の子供観をあげる。すなわち、日本人は、「子どもを生来良いものと考えている」(Erbe, 1994, S. 113)。このことによって、子ども社会で起こる攻撃性に対して不寛容となるのではないかと。

このようなエルベの指摘は、日本文化をそれ自体単一のものと見る、ある種のステレオタイプ的な説明とみなされるかもしれない。しかしながら、このような説明の仕方を踏襲するならば、ここから逆にドイツの事情を読みとることができるのではないだろうか。

それについて例えば、日本とは対照的に、ドイツ社会は、“Kinderfeindlichkeit（子ども敵視）”の社会であるというドイツ人たちの自己認識が注目される。もちろん現在ではこのようなあり方に批判が高まり、「“Kinderfreundlich（子どもにやさしい）”社会への転換」が一つのスローガンとなっているのであるが（小玉、一九九八）。

さしあたりここで重要なのは、ドイツでは、子どもを本来良いものとみなす考え方ではなく、まずは子どもの持つ負の側面が直視されてきたという点である。ここから、エルベのおこなった説明を補足すれば、子どもを本来良いものと考える子ども観に立つ日本では、子どもの示す攻撃性に高い不安感を募らせるが、他方、子どもはもともと悪の性質を持つとみなすドイツでは、かえって子どもの示す攻撃性に寛容となると考えられる。エルベがおこなった日本のイジメに関する事情についての説明の裏には、イジメに対する日本人の反応がきわめて不寛容に見える、ドイツの事情があるといえるのではないだろうか。

ところで、エルベは、イジメを“Schikane”という言葉で論じ、これを暴力を意味する“Gewalt”とは区別して用いている。この区別は、日本固有の状況に対応させたものと言えよう。というのも、八十年代後半から九十年代初頭にかけて、日本ではイジメと暴力を区別して使ってきたという事情があるからである。すなわち、子ども問題を論じる際に、暴力という言葉は、家庭内暴力や校内暴力といった言葉で用いられて、そこでは、親を殴る蹴る、とか、学校の窓ガラスを割るといった、主として物理的暴力が問題とされてきたという経緯がある。こういう事情を考えると確かに、八十年代の日本で論じられたイジメを説明する際には“Schikane”はもっとも適した訳語であった。しかしながら他方ドイツでは、この言葉はイジメを指すキーワードとはなっていない。むしろ、ドイツでは一般的に“Gewalt”の方が日本語のイジメと重なり合う言葉としてより多く用いられてきている。

3　Gewalt

ノルウェーの心理学者D・オルウェーズは、イジメについて組織だった研究は一九七〇年代の初頭になってからであり、こういった研究は長い間おもにスカンジナビアに限られていたという。このオルウェーズの著書の一つが、『いじめ　こうすれば防げる』というタイトルで日本で邦訳出版されたのは一九九五年のことであったが、同じ年に、ドイツ語訳も出版されている。ここで注目されるのは、ドイツ語版の中ではイジメにあたる言葉に“Gewalt”が用いられている点である。

オルウェーズのこの著書は、スウェーデンで一九八六年に出版された部分がもとになって新たに加筆修正されたと説明されているが、そのスウェーデン版では、イジメは“Mobbing”となっている。英語版のこの本のタイトルは「学校におけるいじめ」であるが、ここでいじめという言葉に対しては“Bullying”が用いられ、この“Bullying”はドイツ語訳では“Gewalt”となっているのである。

もちろん、“Mobbing”はドイツ語版でもまったく用いられていないわけではない。著者たちは、英語の“Bully”をそのままドイツ語化することはなじまないとしながらも、同じ英語を起源とする“Mobbing”に関しては、すでに労働現場での問題に限定された意味でドイツで用いられていることから、これを限定的に採用するとしている（Olweus, 1996, S. 11）[4]。とはいえ、本書でイジメにあたる言葉で主に用いられているのは、日本語では暴力および強制力を意味する“Gewalt”である。

このオルウェーズの著書のドイツ語訳に見られるように、エルベが八十年代の日本のイジメについて語ろうとしたとき峻別する必要があったイジメと暴力の区別は、ドイツでは容易に同じカテゴリーに含まれるものとして解消されている。オルウェーズの著作に関連するドイツの諸研究においても、圧倒的に“Gewalt”がテーマとされており、またそれに加えて攻撃性を意味する“Aggression”という言葉が主題として用いられている。

すなわち、この訳語の採用のしかたから明らかになることは、オルウェーズのこの著作がドイツで翻訳出版された九十年代前半において、“Mobbing”はまだ限定的な意味で、すなわち、労働現場におけるイジメという意味で用いられていたにすぎず、一般にアピールする言葉とはなっていなかったことである。このことは、本稿で先にとりあげた一九九七年のシュピーゲル誌において、“Mobbing”という概念がドイツにおいて新しく注目されるようになった概念であると述べていることのうらづけにもなるだろう。

そしてとりわけここで注目されるのは、ドイツでは日本語でなされているようなイジメと暴力の区別をしてこなかった点である。もちろん、イジメと物理的暴力を区別することで明らかになる問題もあるだろう。しかしながら、逆に、区別してしまうことによって見えなくなる問題もあるのではないだろうか。この点に留意しながら、以下においてさしあたり、ドイツで多くの研究がなされている“Gewalt（暴力）”に関する研究から、ドイツの現状を検討してみたい。

四 学校における“Gewalt（暴力）”の分析から

現在、ドイツにおいて、数々の学校における暴力と攻撃性に関する調査研究が行われている。[5] それらの中で、一九九二年に行われたシュレスヴィッヒ・ホルシュタイン州の調査は、本稿にとって二つの点で注目される（Niebel/Hanewinkel/Ferstl, 1993）。第一に、先に言及したノルウェーのオルウェーズのイジメの研究を踏まえたものであること。第二に、この問題を単に子どもたちの問題として議論するのではなく、生徒、教師、親という三者関係の中で検討しようとしたものであること。

調査は無記名の質問紙によって行われ、生徒一、一八六人、教師五五九人（うち校長五九人）[6]、親六三七人から回答を得ている。調査対象として、シュレスヴィッヒ・ホルシュタイン州内の公立学校のうち学校の種別によってそれぞれ五％の学校が選ばれた。ドイツでは中等教育段階で分岐し、子どもたちはギムナジウム、基幹学校、実科学校あるいは、総合学校等に通う。[7] 本調査では、これらすべての学校が調査対象となっている。回答した生徒の年齢は平均一二・六歳、性別の構成は、男子生徒五一・二％、女子生徒四八・八％であった。質問紙は、大きく分けて三つの観点から構成されている。第一に、実際のところ暴力は増えているのかどうか。第二に、学校においてどのような暴力が主として起こっているのか。第三が、その他の個別問題である。

図1　最近3年間に暴力は増加しているか（校長の回答）

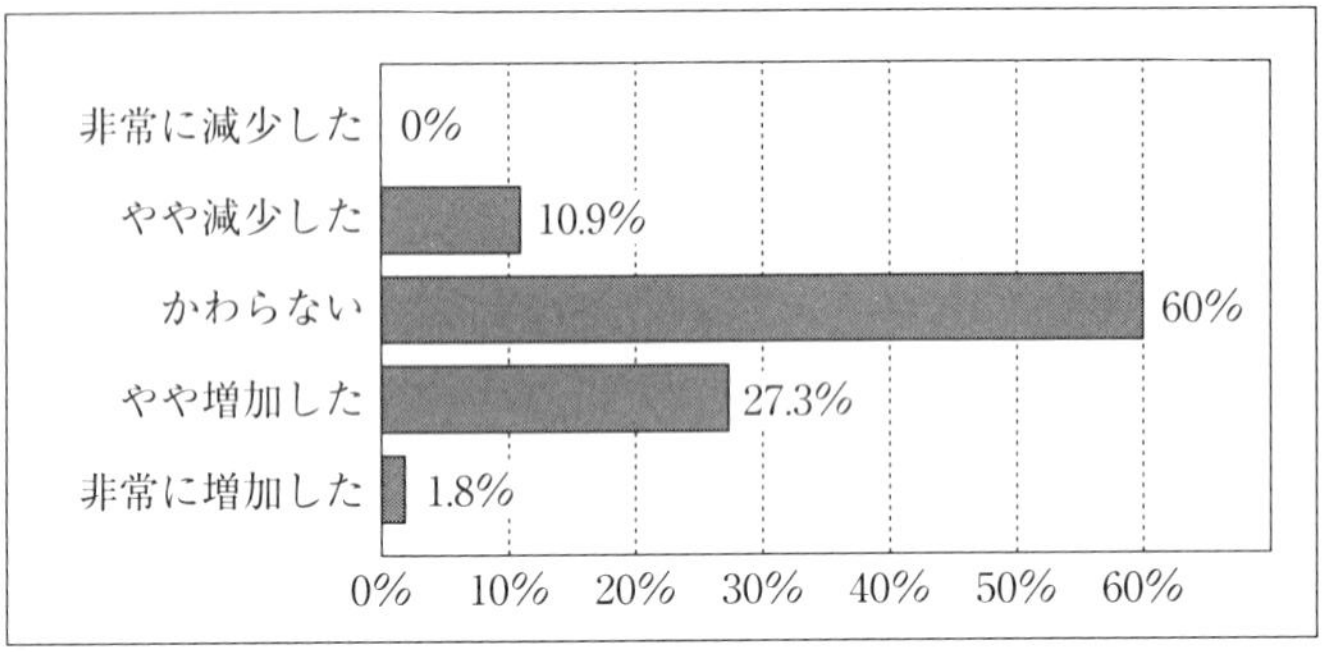

(出典)：Niebel/Hanewinkel/Ferstl, 1993, S. 783.

図2　3種類の暴力の比較（生徒の回答）

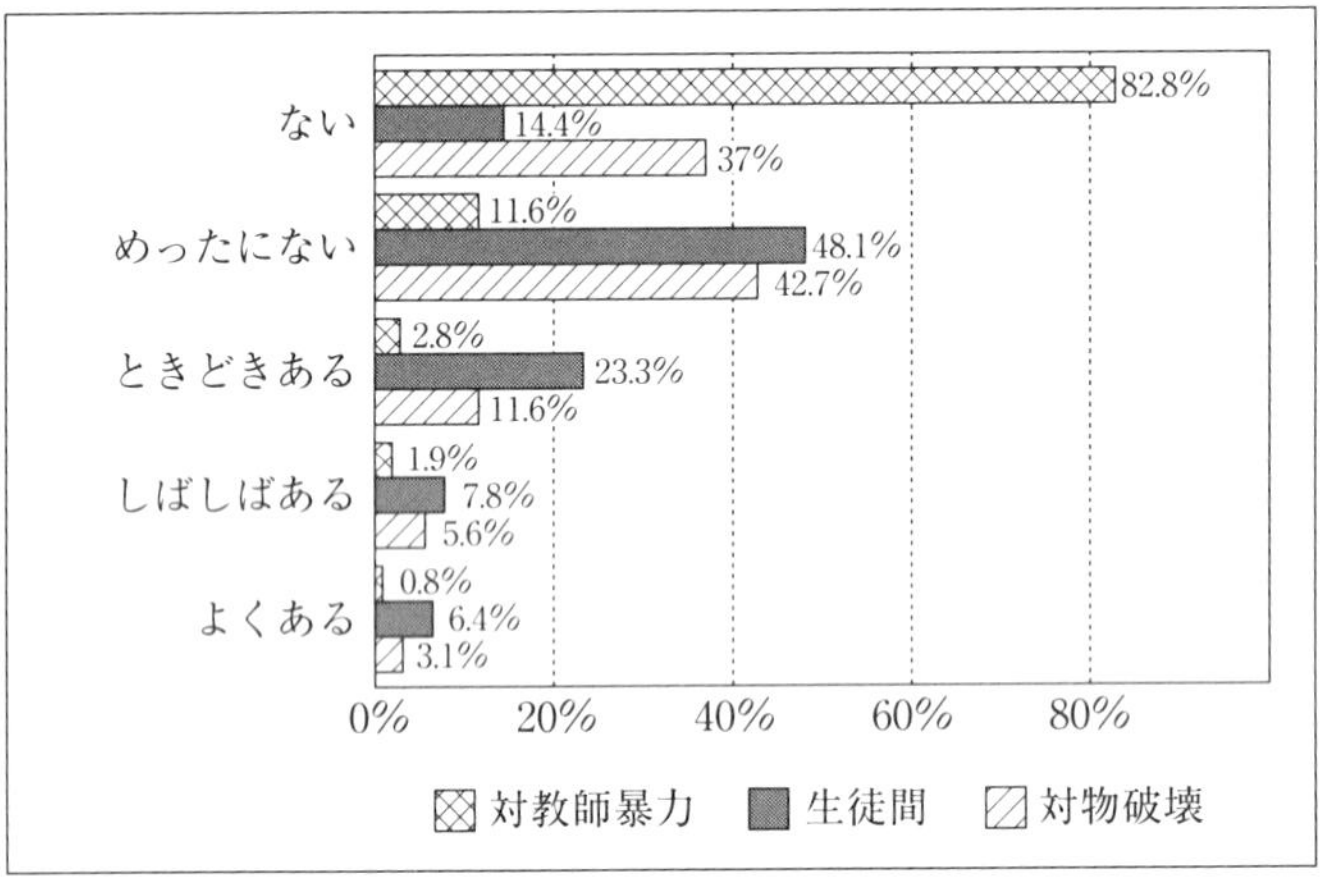

(出典)：Niebel/Hanewinkel/Ferstl, 1993, S. 784.

第一の点、ここ三年ほど学校での暴力が増えているかどうかに関して、校長たちの六〇%がかわらないと答えている。ついで多いのが、やや増加していると答えた二七・三%で、一〇・九%がやや減少しているとの答えであった。やや減少しているに比べてやや増加しているという答えが若干多く、過半数がかわらないという答えである点から、全体としてごくわずかの増加として確認されている（図1）。

第二に、どのような暴力が、どの程度おこっているのかについて、対教師、生徒間、対物破壊の三つについて生徒たちが回答している。教師に対する暴力は、八割以上の生徒がないと回答しているが、これに比べて生徒間の暴力がないと回答したのは、一四・四%にとどまっている。しばしばあるという回答がもっとも多かったのは、生徒間の暴力の七・八%で、頻繁にあるとの回答も生徒間がもっとも多く、六・四%であった（図2）。

言葉の暴力についても調査されており、たまにある、時々ある、頻繁にあるという回答をあわせて整理したものを見ると、ほとんどの学校で、言葉の暴力があると五〇%近くの生徒たちが答えている。このように、言葉の暴力が他の暴力にくらべて突出した多さとなっている点から、心理的な暴力の問題の深刻さが注目される。

こういった暴力に加えて、性的なトラブルについても調査されている。学校の内部で起こった性的なトラブルを耳にしたことがあるか、という質問を肯定した生徒は、二一%であった。自分自身がそのような目にあった経験があるかについては、一、一八六人中女子生徒四九人、男子生徒二四人があると答えている。

その他の問題として分析されているものについてみると、まず、暴力の起こる場や時間について調査されている。暴力の起こる場としては、校庭がもっとも多く、ついで廊下、教室、通学路がほぼ同じぐらいであった。時間は、休み時間がもっとも多く、ついで学校が就業したあとが多いとの結果が出ている。学校の暴力と地域との関係については、人口一五、〇〇〇人以下、および一〇〇、〇〇〇人以上の地域に比べて、そのちょうど中間の地域でもっとも多く暴力が起こっていることが明らかになっている。

そして、なによりこの調査が提供する興味深いデータに、回答者間の認識の相違がある。この調査は、教師、生徒、親の三つの観点から調査しているのであるが、まず、教師と生徒の回答のあいだに相違を見ることができる。その一つに、授業に関する質問がある。

授業が退屈かどうかについては、生徒の一六・三%がしばしば、ないしは頻繁にそうであると回答しているが、教師はわずか三・八%が肯定しているにすぎない。ところがこの退屈であることと学校の中の暴力は無関係ではなく、特に物にたいする暴力と授業を退屈と感じることの間には、かなり高い相関が見られている。また、授業中の喧噪についても同様の結果が見られている。授業中の喧噪について、四〇・五%の生徒たちがしばしばないし頻繁にあると回答しているのに対して、教師たちで肯定しているものは、わずか七・三%であった。ただし、これもまた学校の暴力、とりわけ物に対する暴力の発生と相関している。

さらにこれらに関連して、学校への不満についても調査されている。生徒たちの五七・一%が学校に対して肯定的であるが、他方およそ一四%の生徒が学校に対してかなり高い不満を持っているとの結果が出ている。この結果と暴力との関係は、不満があればあるほど暴力もまた起きることが明らかにされている。(8)

このように教師の目から見た状況と生徒の目から見た状況には相違がみうけられたが、親の場合はどうだろうか。これについて注目されるのは、学校における暴力に対する不安に関する質問である。学校において暴力にあう不安があると答えた生徒は、全体の二八・二％であった。これに対して、親たちの二一％が子どもたちが不安をもっていることを感じていると答えている。

このような教師や親そして生徒たちの回答に見られる相違から様々な問題状況を分析することが可能であるが、少なくともここで確認できることは、子どもたちが直面している問題状況について、大人たちは十分な認識を持っていないということである。

一〇〇年前の小説「生徒テルレス」が描き出した大人と子どものコミュニケーションの困難、そして大人たちからは見えない子どもたちの世界の困難が、まさに現代の問題でもあることが、このアンケート調査に見ることができる。加えて、この小説の重要な主題の一つでもあった思春期の性の問題が、現代においても無視できない問題であることをこの調査は示唆している。

五　おわりに――〈イジメ〉というマジックワードを超えて

ドイツにおいて教育学批判を展開しているルュチュキーは、かつて日本における若者の暴力に関するシンポジウムで、次のように発言した。「子供と若者の行動や暴力をある程度許容する必要がある。それによって重大な暴力をへらす」ことができるのだと。(9) 見てきたようにドイツ語の“Gewalt（暴力）”は、日本語のイジメと重なり合う言葉である。とはいえルュチュキーが用いた言葉が暴力であれイジメであれ、この発言に対して、現在の日本では多くの人がきわめて受け入れがたいと感じるのではないだろうか。しかしながら、ルュチュキーの発言の背後には、子どもの負の側面を直視するドイツの子供認識がある。そのためにドイツでは、子どもたちの間でのトラブルが直ちに問題視される度合いは日本ほどではない。

他方、日本語でイジメという言葉を語るとき、そこにはこの言葉を説明する必要のないものとしてみるという、暗黙の共通理解が存在する。しかも、私たちはある種の感情的な苦痛を伴ってこの言葉を認識している。ところが、ひとたびこれをドイツ語に変換しようとして、これに一致する言葉を見つけることが困難であることに気づくとき、私たちは戸惑いを禁じ得ない。そしてまたドイツ語でなされているような、イジメを“Gewalt（暴力）”というカテゴリーの範囲内で分析することにたいしても、私たちには違和感がある。日本語においてイジメという言葉と暴力という言葉を、私たちは通常異なる概念として用いているからである。それゆえ、日本研究者であるエルベは、日本語におけるイジメと暴力の区別に対応するためには、イジメを“Schikane”に、暴力を“Gewalt”に訳して、二つを区別する必要があった。

しかしながら、ドイツにおいてイジメはこのような区別のもとで問題化されているわけではなく、子どもたちの些細なトラブルは問題にされず、それが問題として浮上するとき、もはやイジメという言葉ではなく暴力という言葉で議論される。この場合もちろん、ドイツ語における暴力は、身体に関わるものと心理的なものとその両方が概念に含まれて用いられる。そして、現在では、学校における暴力の問題は、身体的暴力にもまして、心理的暴力が重大な問題となっていることが認識されている。

ドイツの概念をくぐったうえで、近年の日本のイジメ問題の状況を鑑みるとき、イジメという言葉と暴力という言葉を差異化することの方が、実は困難なのではないかと思えてくる。そもそもイジメはその被害者から見れば、陰湿であろうとあからさまであろうと、どんな形であれ心理的・身体的暴力を受けることに他ならないのだから。

だとするなら、現在の日本語のイジメという概念は、一見、暴力という言葉と区別された限定的意味内容をもっているかのように見えて、実はドイツ語で暴力として問題化されているものすべてを含みこんでいるといえるのではないだろうか。いわば、イジメはきわめて広い意味を持つカテゴリーとなっていて、イジメという一語で了解可能であるかのように作用してしまうマジックワード(苅谷、一九九六、一六二頁)になってしまっているのではないだろうか。

ドイツ語の概念をとおして、再び、これまで日本でイジメという一語で表象されてきた現象を考えるとき、イジメという言葉は、多義的な意味に分解され、理解し直すことが求められる。と同時に、大人たちがそれを理解することの困難に自覚的であることが求められるだろう。大人と子どものコミュニケーションの困難、また、大人の理解を超える子どもの世界を、一〇〇年前のイジメを題材として描き出したのがムージルである。彼は後に、自分の作品は、三重の評価をうけたと回想している。まずは新しい世代の強烈な自己主張として、次に教育制度の問題を解く鍵となる作品として、そして最大級の期待がもてる若い作家の優秀な作品として、世界中から賛同する批評や熱心な問い合わせが届いたという。そして彼は、「とくに教育学者たちがもっと詳しいことを知りたがった。その点について私は、思う存分彼らを失望させる返事を書いた」(フリゼー編、一九九四年、三八頁）とも述べている。

彼の皮肉に満ちたこの回想は、現代の私たちに二つの点で、非常に興味深い論点を提供している。一つは、彼の小説が教育学者たちに与えたインパクトの強さである。このことは、当時教育問題を考えようとしている人たちにとって、彼の小説が一定のリアリティを持つものであったことを示している。もう一つは、この教育関係者たちの思考それ自体を批判する視点を彼が持っていたことである。

この後者の点は、この作品に対する周囲の評価に対する彼自身のあからさまな反感にも示されている。彼はこの作品によって「『物語作家』という評判を得た」のであるが、彼自身は自分が『物語作家』と呼ばれることを極端に嫌っており、物語ることは自分にとっては副次的な価値しか持たないと考えていた（前掲、三七頁）。これについて、後に彼の代表作である『特性のない男』のなかでかたられた有名な一節は示唆的である。

「日々の営みの煩わしさのあまり素朴さを夢見る人々が憧れる人生の法則は、じつは、物語の秩序という法則ではないだろうか、そんな考えがウルリヒに浮かんだ。〈そのことが起きたあと、あれが生じたのだ〉と口にできる、あの単純な秩序、数学者だったら一次元と呼びそうな場に人生の圧倒的な多様性を写し取ること、それが私たちを安心させてくれる。……中略……その人にひどいことが起きたとしても、あるいは苦痛のあまりのたうちまわったとしても、それらの出来事を時間的経緯にそって順序よく再現できれば、太陽の光に胃を照らされたみたいに、すぐに気分よくなれるのだ」（前掲、三一三―三一四頁）。

このような議論を踏まえるとすれば、ムージルが『生徒テルレスの惑い』のなかで描き出したのは、イジメの物語ではないということになるだろう。むしろ、そこでは主人公テルレスが、加害者たちの作るイジメの物語に回収されていく中で、引き裂かれ、混乱していくその悲劇が描き出されたと考えられるのではないだろうか。だとするならば、ムージルの小説がイジメを考えようとする現代の私たちに示唆するものは、子供たちの世界が、〈そのことが起きたあと、イジメが生じたのだ〉といった、大人が安心するイジメの物語に回収されること、それが持つ問題性であるように思われる。

（1）翻訳のタイトルでは「若いテルレス」と訳されているが、本稿は学校のいじめをテーマとしているところから、原題に沿って「生徒テルレス」とした。
（2）伝統的な共同体規制は、日本の村八分だけにかぎられるのではなく、最近の社会史研究によって、イギリスにおけるラフミュージック、フランスのシャリバリなどがあきらかになっている。
（3）ドイツでいじめについてShikanierenということばを前面に出して検討したものとしては、シェーファーのものもある（Schäfer, 1996）。
（4）なお、本論で参照したのは、一九九六年の第二版の修正版であるが、ドイツ語訳の初版は一九八五年に出版されている。ドイツ語訳は、著者ダン・オールウェーズ、臨床心理学者ローマン・フェルストル、翻訳者インケン・フェルペルークローン、およびウォルフガング・アーノルド（シュレースヴィッヒ・ホルシュタイン州の女性・教育・継続教育・スポーツ省）の議論による。
（5）森田洋司総監修／監訳（一九九八）『世界のいじめ』金子書房の「第13章　ドイツ」において非常に詳細に、研究調査の動向がまとめられている。くわしくは、同書を参照されたい（フリードリヒ・レーゼル／トーマス・ブリエゼーネル、一九九八年、二〇七～二四一頁）。

（6） Schulleiterは通常、校長と邦訳されるが、ドイツの学校制度において、校長は学校経営にあたるが、同時に通常の授業を持つことも義務づけられている。
（7） ドイツの場合は、六歳で入学し、四年間の基礎学校を終了したあと、様々な中等学校に分かれて進学する。本調査は、第四学年の基礎学校の生徒、ギムナジウム等の中等教育段階の学校に関しては、五、七、九学年、職業学校の生徒に関しては、第一学年の生徒が対象となっている。ドイツの現在の学校制度については、フェール、一九九六を参照のこと。
（8） 授業を退屈と感じることと物に対する暴力の発生との相関係数は、r＝1.48、授業に喧嘩があることと物に対する暴力の発生との相関係数は、r＝0.37であった。学校に対する肯定的な関係と暴力の発生との相関は、r＝－0.34であった（Niebel/Hanewinkel/Ferstl, 1993. S. 792.）。
（9） 一九九四年六月二五日に朝日新聞社と東京ドイツ文化センター主催で、「家庭で、学校で『暴走』どう防ぐ　若者と暴力　日独シンポジウム」が開かれた。

［引用・参考文献］

朝日新聞（一九九四・六・二九　夕刊）
オールウェーズ・ダン（一九九五）松井たま夫／角山剛／都築幸恵訳『いじめ　こうすれば防げる　ノルウェーにおける成功例』川島書店
苅谷剛彦（一九九六）『知的複眼的思考法』講談社
小玉亮子／高木浩子（一九九八）「子ども・家庭・女性と教育」天野正治／結城忠／別府昭郎編『ドイツの教育』東信堂
フュール・クリストフ（一九九六）天野正治／木戸裕／長島啓記訳『ドイツの学校と大学』玉川大学出版部
フリゼー・アードルフ編（一九九四）加藤二郎／早坂七緒／赤司英一郎訳『ムージル読本』法政大学出版局

ムジール（一九六六）吉田正巳訳「若いテルレスの惑い」（『世界の文学四八　ムジール　ブロッホ』中央公論社
（原典、Musil, Robert.（1906）. Die Verwirrungen des Zöglings Törleß.）

レーゼル・フリードリヒ／ブリエゼーネル・トーマス（一九九八）「一三章　ドイツ」森田洋司総監修／監訳『世界のいじめ各国の現状と取り組み』金子書房

Der Spiegel, 34/1997.

Erbe, Annette.（1994）. Schikane an japanischen Schulen—Aspekte eines Erziehungsproblems, Bochum.

Niebel, Gabriele/Hanewinkel, Reiner/Ferstl, Roman.（1993）. Gewalt und Aggression in schleswig-holsteinischen Schulen, Zeitschrift für Pädagogik, 39. Jg., Nr. 5.

Olweus, Dan.（1993）. Bullying at School. What we know and what we can do, 1993, Blackwell, Oxford UK & Cambridge USA.

Olweus, Dan.（1996）. Gewalt in der Schule. Was Lehrer und Eltern wissen sollten und tun können, Zweite, korrigierte Auflage, Verlag Hans Huber, Bern.

Schäfer, Mechthild.（1996）. Aggression unter Schülern. Eine Bestandsaufnahme über das Schikanieren in der Schule am Beispiel der 6, und 8, Klassenstufe, Report Psychologie, 21

5 オランダのイジメの現状とその克服

トム・ムージ
オランダ・応用社会科学研究所上級研究員
［翻訳　山口理恵］

一　はじめに――オランダのイジメ問題を述べるに当って

本稿では、最初に簡単に現在のオランダにおけるイジメの実態を紹介する。問題は、イジメは時代や社会を越えて生じ続けてきた「人間関係の病」であり、その根絶には極めて困難なものがある、ということである。しかし、イジメは、恥ずべき反社会的人間行為であり、困難ではあるが立ち向かい続けねばならないものであることは間違いない。このイジメへの対応には、国境を越えて知恵の相互交換がなされねばならないことはいうまでもない。

そこで、本稿では、最終的に、イジメ対策に焦点を絞り、イジメ対策の根本姿勢を論じると同時に、オランダにおいて現在なされている取り組みを紹介しておきたい。

二　イジメの定義

英語でイジメ（Bulling）と呼ばれる行為は、オランダ語で「ペスト」（Pesten）と表現される。病気のあのペストである。密かに音も無く人々の間に忍び寄り、確実に身体を滅ぼして行った病としてのペスト。少年たちの間での現代病としてのイジメの残酷さが、ペストと呼ばれることで強調される。

イジメは、少年たちにとって現代のペストである。

オランダでは、特にこの一〇年ほど、初等学校の児童や中等学校の生徒の間での様々な問題行動への関心が人々の間で高まっている。児童生徒たちは、イジメ、校内暴力、街頭でのバンダリズムといった不良行為や喧嘩などを通して自己の存在を表明しようとしているようにさえみえる。

これらの問題行動に共通した特徴は、他人を傷つけたり、心にまで被害を負わせる、といったことである。時として、国を越えてこれらの問題行動は、「反社会的行動」と総称される。

たとえば、このように「反社会的行動」というフレームを通してみた時、イジメの本質が明確になってくる。

反社会的行動は、個人的にも教育的にも社会的視点から見ても、好ましいものはひとつもない。反社会的行動は、その被害者に対して現在だけでなく、将来に対しても何も積極的なことをもたらすものではない。

被害者だけでなく加害者にとっても、長い目でみれば「何ももたらさない」という点で同様である。また、反社会的行動は、児童生徒にとって積極的な発達の場である「学校」の理念とも真っ向から対立するものであり、教育的視点から見ても極めて問題な行動である。

イジメは、こうした反社会的行動の一種に外ならないのである。

三　イジメの広がり

一九九二年、オランダ全国の初等学校・中等学校を無作為に抽出し、その学校に所属する児童生徒を対象に、イジメの加害体験、イジメの被害体験の有無について広範な調査がなされた。その結果、以下の点が明かとなった（表1）。

表1　イジメの被害体験者と加害体験者の発現率

	被害体験者		加害体験者	
	初等学校	中等学校	初等学校	中等学校
今年度中には（体験は）ない	39%	71%	30%	44%
今年度中に1〜2回あった	38	23	50	40
今年度中に定期的にあった	15	4	14	11
今年度中に週1回程度あった	4	0	3	2
今年度中に数回程度あった	4	2	3	3
合　計	100%	100%	100%	100%

①　イジメの被害そして加害体験者のいずれも中等学校よりも初等学校の方が高い。つまり、イジメは低年齢な児童の間での方が、高年齢な生徒の間よりもより広がっている。

②　たとえば、初等学校では六一%の児童が一年の

間に少なくとも一回以上のイジメ被害体験を持つのに対し、中等学校の生徒の間では半数以下の二九%にすぎない。

③　特に、初等学校では年間を通して定期的にイジメられていた児童が一五%に達するのに対し、中等学校の生徒では四%にすぎない。初等学校のイジメは、中等学校に比較し被害体験者が多いだけでなく、その被害が年間を通して長期になされているものの多いことが指摘できる。

表2　生徒間における各種問題の認知状況

	生徒の自己認知	生徒たちの教師の認知
学級内でのバンダリズム	57%	18%
落ちこぼれ	71%	29%

④　また、加害体験についてみても、初等学校では七〇%の児童が一年の間に少なくとも一回以上のイジメ加害体験を持つのに対し、中等学校の生徒の間では五六%にすぎない。

もちろん、どのようなイジメが少年たちの間で広がっているかという「イジメ」の質の分析が加えられねばならない。しかし、以上の数字を見ただけでもオランダにおいても少年たちの多く、特に低年齢な初等学校の児童がイジメ被害に悩み、その一方で彼らの多くがイジメ加害に走っていることを知ることができる。イジメの中心が低年齢な少年であるだけ、イジメへの取り組みは真剣であらねばならないし、慎重であらねばならないことが強調される。

四　イジメの三つのタイポロジー

上記の調査結果について主成分分析を中心とした多次元分析をさらに進めた結果、少年たちのイジメ状況に大きく三つの特徴が存在することが判明した。

①　イジメに暴力が乱用され、蹴ったり殴ったりの行為がなされている。さらに、こうした身体的暴力だけでなく、侮辱や中傷も合せてなされており、心身にわたる暴力が長期にわたって様々な場所（学校だけでなく、登校中にも）でなされている。

こうしたイジメは、イジメの中でも「暴力イジメ」と判断される。

②　社会的に排除する、というイジメが生じている。たとえば、イジメを受けた被害少年は、イジメによって学校集団から無視され切り放されており、学校の休み時間が楽しくない、親しい友人がクラスに少ない、学校は寂しいところだ、といった感じを抱いている。

こうしたイジメは、暴力からは間接的ではあるが社会的な「疎外イジメ」と判断される。

③　イジメで被害者が苦しむことを楽しむ、というイジメが生じている。たとえば、特定の少年を被害対象に、長期にわたり様々な場所で、必ずしも暴力的手段を用いないが、相手が苦しむのを楽しむかのようにイジメがなされている。

こうしたイジメは、加害少年から見れば「嗜虐的イジメ」と判断される。

即ち、オランダに見るイジメは、身体への暴力を中心に考えるが、同時に、その暴力にプラスして「心理」に対する虐待が加わっているのが特徴である。

こうしたイジメ状況に対し、少年たちは、①積極的にイジメ加害を振るう少年あるいは集団、②そのイジメの標的となった少年あるいは集団、③そのイジメの加害―被害関係を調停し解消しようという少年あるいは集団、そして④こうしたイジメ関係とは全く無関係にすごそうとする少年あるいは集団、の四つに分類されることも明かとなっている。

興味深いことは、イジメの加害少年と被害少年に、それぞれ心理―行動学的な特徴のあることで、加害少年には、外向的であること、自分を肯定的に迎えてくれる先生に殆ど出会った経験を持っていないこと、低い評価の学校にしか入れないような学力問題を抱えていることなどの特徴のあることが指摘されてている。一方、イジメの被害少年には、無愛想であること、情緒不安定であること、新しもの好きであることなどが指摘されている。

五　イジメの発生様相

反社会的行動としてのイジメの発生様相は、三つのレベルからみることができる。個人レベル、学級レベル、学校レベルである。これら三つのレベルについて、初等学校と中等学校で調査した結果、以下のようなことが明かとなった。

1　個人レベル

性別としては女子よりも男子生徒の方が、被害者としても加害者としても、イジメに関わっているものが多い。

また、イジメの被害者と加害者は独立した存在であり、被害者は被害者、加害者は加害者として存在し続ける傾向にある。ただ、イジメが頻発しているクラスにおいては、この関係は相互変換的となっており、イジメ被害者が加害者へ、イジメ加害者がイジメ被害者へと立場を変換する状況が多く見られる。それは、児童生徒たちは、そうしたクラスの中で「生き残る」ために、時として被害者よりも加害者の立場を選択し、逆にそれまでの加害者は被害者化して行くことによるものと考えられる。

さらに、イジメ被害者の多くは級友から無視された存在である者が多い。一方、イジメ加害者については、イジメという行為に対し肯定的であり、また、イジメを行っている児童生徒には教師に対し反抗的で嫌がらせを頻繁に行っている者が多い。

2　学級レベル

性別の構成においてバランスの壊れた教室では、イジメが多く発生する。たとえば、男子が五分の三を越えたような教室である。

また、学級全体で纏まって何か共同作業をやる時間の多い教室で、先生が積極的に児童生徒に接している学級とそうでない学級では、明らかに後者の学級の方でイジメが多く発生している。

なお、自習時間と休み時間に、先生たちが十分に児童生徒に視線を投げかけているか否かということも、イジメが多く発生している学級とそうでない学級とを分けている。また、明らかに、先生が適当にイジメに対応しようという学級では、イジメが大量に発生している。逆に、先生が明確にイジメを非難している学級では、イジメの発生は少ない。さらに、児童生徒においても、イジメに対しきちんと非難している児童生徒の多い学級ではイジメの発生は少なく、そうでなくイジメに対し曖昧な態度の児童生徒の多い学級ではイジメは大量に発生している。

3　宗教及び学校レベル

宗教との関わりでみると、私立の無宗派とカトリックの中等学校の生徒は、他の学校の生徒に比較し、イジメをあまり積極的に非難することはない。しかし、逆に、プロテスタントの中等学校の生徒にはイジメを非難する者が多い。

六　イジメの発生に影響を及ぼす環境的要因

イジメの発生には、様々な環境的要素が影響している。

たとえば、子どもが育つ初期の環境である家族では、母親と保育園の関係、さらには親自身の子どもに対する関係が問題となる。子どもに対し建設的な愛情と自立に向けての発達支援に十分な配慮を持った親からは、将来のイジメ加害やイジメ被害の児童や生徒は生じにくい。なぜなら、子どもは、親、特に母親の視線を介して他者を無償に愛することや他者から自立して生きて行く強さを体験として学ぶからである。逆に、父親や母親の幼い子どもに対する厳しい支配とお仕置きを伴ったしつけは、子どもの心の中に将来のイジメを含む反社会的行動の芽を作り出して行く。

また、近隣の公園で遊ぶ子どもたちは、どんな年齢の低い子どもたちの間においてさえ、年齢の低い子どもだからこそという方が正確かもしれないが、他の子どもを支配したい、影響を及ぼしたい、より偉く見せたいという願望に満ちた子どもたちの集合体を形成しており、何もしなければそれがイジメ加害者となる精神的土壌を培っている。

さらに、子どもが学ぶ学校環境は、カリキュラムの内容、使用されている教授法や評価法、児童生徒の人間関係、さらには児童生徒と教師との人間的関係性によって、非常に大きな影響をイジメの加害や被害の発生に影響を及ぼす。たとえば、学校が基本的に相対評価の世界である限り、合格点をもらえない児童生徒が必ず誕生する仕組みになっている。これによって、「できない」と烙印を押された児童生徒は、さまざまな面で動機や達成意欲を低下させ、子ども世界の中でさらなる社会的孤立を招いてしまう、ということになる。それでなくとも、こうした児童生徒ほど、「大変傷つきやすい少年」である、といわれている。結果として、こうしてイジメの標的となる児童生徒が誕生することになる。

学校が立地している地域環境は、社会文化的条件さらには経済的条件において決して均質なものではない。豊かな地域がある一方で、必ず貧困に喘ぐ地域がある。皮肉なことに、そうした不均衡な地域は、しばしば、近接している。そこに、個人的感情を越えた地域間の「イジメ感情」のやり取りが産まれる。

視点をさらに私たちの全体社会に広げてみると、社会には必ず権威を誇示し維持しようとする集団があり、男性性を賛美する集団があるのが現実である。またさらに、今日のマスメディアという情報環境は、何のコントロールもしなければ「暴力に満ちた扇情主義」に傾斜する傾向がある。こうした社会環境も、目にしにくい状態の下で、イジメ発生の基礎的条件整備に加担している。

七　イジメ防止に関わる三つの基本策

オランダにおけるイジメの実態について述べてきた。問題は、いかにしてこうした状況に立ち向かうか、いかに効果的な防止策を展開するかである。

しかし、イジメ問題を含め、児童生徒の問題行動や問題状況は、周囲の先生や親からは非常に見えにくい。そのことが効果的対策を樹立するのに大きな障害となる。たとえば、一九九四年になされた中等学校の生徒と教師を対象になされた調査では、学級内のバンダリズム(器物破損等の破壊行為、訳者注)に関しては生徒の五七％が「この一年間の内に、自分はやったことがある」といっているのに、先生では生徒の一八％しかバンダリズムに参加していないと述べている(表2)。同様に、授業からの落ちこぼれに関しては、生徒では七一％が認めているのに、先生では二九％の生徒しか落ちこぼれていないとしている。

こうした状況は、イジメにおいてはさらに強いものと思われる。しかし、それでも眼前の少年を救うため、緊急に有効な対策を展開せねばならない。それも、イジメの防止を通し、児童生徒の反社会的行動の抑制までも視野に入れたイジメ防止策が工夫されねばならない。

たとえば、イジメの発生とその深化の段階に応じて、次の三つの段階別防止策が建てられてもよいだろう。

① 初期の防止策　さまざまな状況下での子どもの社会的機能の発達に必要と考えられる先天的変数や環境的変数への働きかけと向社会的行動の発達。

② 第二期の防止策　危機にある子どもに対する効果的な対応と反社会的問題行動の改良。

③ 第三期の防止策　今現在、生じているイジメを含むバンダリズムなどの反社会的行為に対する効果的な対応とそうした問題行動の修正。

以下、これら三つの防止策について、個別に述べて行くことにする。

八　イジメ防止策の個別段階別検討

1　初期の防止策：向社会的行動の促進

① 就学前問題児童への視線　イジメを含むさまざまな行動問題に対し、できるだけ早く問題解決に致るためには、両親、学校の先生、その他の外部関係者の緊密な連絡・調整が必要である。

しばしば、私たちは、危機的状況にある子どもたちを早期に判別して対応しようとする。しかし、その場合、上記のような人々の支援が可能で、さらにこれらの支援によって、子どもの発達の遅れあるいは問題点の克服が可能な場合にのみ、子どもを早期から分けて対応することに意味がある。そうした可能性の見通しがないのに子どもを早期からムヤミと判別して対応するのは、逆に子どもの発達を阻害する可能性の在ることに注意しておかねばならない。

たとえば、非常に早い時期から、社会的、情緒的、言語的、そして運動技能やその他の点において、平均以下の子どもがいることは事実である。これらの子どもに対し、早期から判別し、可能ならば十分な発達が得られるよう、さまざまな関係者や協力者が支援することは非常に重要なことである。オランダでは、こうしたケアは、子どもの福祉センター、就学前保育園、発達上問題を持つ子供のための特別訓練チーム、初期言語発達プログラム等によって行われている。

しかし、こうした支援によって該当する子どもが望ましい発達を得られるということの見通しなしの判別＝他の子どもたちからの分離は、その子どもに大きな精神的負担を残し、その後の発達に逆に負荷を掛けるものとなる。

② 就学前からの向社会的行動の促進

オランダでは、子どもが四歳で保育園に入った時、多くの保育園では子どもの発達水準を見るための心理測定を行う。そして、こうして計られた発達水準によって、その後のさまざまな対応が考えられる。ただ、先にも述べたように、もし、こうした判別によってより豊かな発達が得られる見込が無い時には、むしろ子どもを分けるのではなく、分けない方向で子どもを育てようという方がより適切な対応と考えられる。たとえば、現在のオランダの政策である、特別なケアを必要とする子どもを普通のこどもたちの居る学級に帰してそこで教育しよう、という方針の背後には、こうした考えがある。

現実には、子どもの生き方を巡ってさまざまな考えがある。しかし、最終的には、基本的な考えとして、子どもを否定的な視線で見るのではなく、彼らや彼女たちをいかに正面から社会に向かわせて行くか、という向社会的行動の促進が学校に就学する前から目指されている。そして、この向社会的行動を子どもたちが体得するよう遊びや学習の場面をコントロールするのは、両親、先生、その他の子どもに関わる人々の責任でもある。

こうした向社会的行動を幼い就学前から身につけることによって、子どもは、イジメに走らないように自省することよりも、イジメをしようという心そのものを身に付けずにすむことになる。

2　第二期の防止策：反社会的行動への柔らかな対応

第二期と第三期の防止策を合せて同時に論じることにしたい。

幼稚園、初等学校、中等学校に入園・入学したそれぞれの段階で、その子どもがどのような特徴を持ち、どのような領域で「危機的」な様相を示す子どもであるかが分かる。

反社会的性向の強い児童生徒に対しては特別な支援を、また必要なら学校に入った最初の段階からカウンセリングが施されねばならない。その場合、学校外の団体や組織から援助を受け入れることにも躊躇してはならない。ただ、前からの繰り返しになるが、児童生徒に対し、明らかに無理で将来を見通し得ない干渉や働きかけは、却って結果として問題行動を悪化させる効果をもたらしかねない。行わなければならない対応、行ってはならない対応のあることに十分な配慮が必要である。

こうした第二期と第三期の違いは、危機的状況にある児童生徒への干渉や働きかけの柔らかさ―固さの違いにある。

たとえば、酷いイジメを中心に反社会的行動を働く第二期の段階にある中等学校の生徒への対応例の一つを示すと、以下のようである。

① 先生―生徒関係の社会的側面についての先生の意識を高める。
② 生徒の現実の行動と望ましい行動について、児童生徒と教師とで話しあいを持たせる。
③ 生徒に対し社会的ルールの意味や役割の学習を先生が行い、ルールに従うことの大切さを教える。
④ 上記のルール学習を学級だけでなく学校全体の教育目標とし、その日常的実行を進めて行く。
⑤ 生徒の相互尊重、相互理解を促進する教育を全学的に進め、個々の生徒は学校内で互いに積極的に生きて行くライフスタイルや社会的ルールを体得して行く。

3　第三期の防止策：反社会的行動への積極的介入

オランダでは、イジメを含む過度の問題行動や攻撃行動に走る一四歳から一八歳までの若者をクライエントとする福祉施設あるいは司法施設がある。ここでの取り組みが、イジメを中心とする他者への攻撃行動の積極的な抑制手法の方針決定に大きな影響を与えている。たとえば、以下のようである。

① イジメを含む問題行動を働く子どもへの教育的視点からの注目。
② このような子どもへの情緒の安定を目指したカウンセリング。その後に、社会にはルールのあること

の教育。

③　上記②の指導を進めながら、子どもの問題行動を産み出した個体的・環境的原因の探求とその原因の解決法を検討。

④　解決方法の子どもへの直接的適用。週単位でのその適用結果のチェック。さらに、解決法の検討―適用―チェック（およそ三ヵ月にわたり、この繰り返し）。

上記のステップの内で最も重要なステップは、実は③のステップである。この時、先生は、イジメのタイプ、頻度、発生場所、イジメに対して取られた子どもたちの行動等について、イジメ加害者や被害者のみならず学級の全ての子どもを対象に調査を行い、それを記録し、イジメに関する情報としてストックする。最終的に、教師は、ストックされた情報の中からイジメ問題の最も効果的解決法を抽出し、④の実際場面に対応して行くことになる。

繰り返しになるが、イジメを含む児童生徒の問題行動の解決は、それを産みだす個体的・環境的情報をいかに効果的にストックし、その情報をいかにイジメ加害者に直接ぶつけて行くか、ということに絞られる。

九　オランダでのこれまでのイジメ対策の展開

冒頭に述べたようにオランダにおいても、イジメを中心に児童生徒の反社会的問題行動は深化の速度を早めている。この危機的状況に対し、地方自治体や国といったさまざまなレベルで積極的な取り組みがなされてきている。

たとえば、全国の初等学校・中等学校では、学校内や学校を中心としたで児童生徒の生活安全を確保するため、「スクール・セイフ・ポリシー」という概念の下に、教育管理チームが編制され、①学校に対しては健康・安全プランニングの作成と、それを可能にするための信頼できるカウンセラーの指名、②子ども・両親・先生に対しては「電話支援ライン」の設置、③子どものためにはイジメ問題等に関するシンポジウムやアンチイジメのための写真や作文などのコンペを行っている。

また、地方自治体レベルにおいては、学校を中心とした教育・福祉・司法機関の連携がより強化されるよう積極的な取り組みを進めている。たとえば、ハーグ市では、青少年の暴力行為（身体的イジメ問題を含む）に対する取り組みとして先生・学校・福祉・司法（警察）の関係強化に関する規則を定めた。それによって、学校内で先生と警察の共助関係により身体や財産に及ぶ児童生徒の反社会的行動の予防のための「犯罪防止授業」が行われるようになった。イジメ問題も、授業の中で、学校だけではなく福祉や司法機関の参加によって、その解決が目指されている。こうしたハーグ市の取り組みに倣って、オランダの他の市でも同様な取り組みが強化されつつある。

さらに国レベルでは、教育科学省を中心に、イジメ問題を含む反社会的問題行動へ取り組んでいる。

たとえば、教育科学省は、学校における「暴力と戦う行動計画検討委員会」を設置し、一九九五年には、「学校における暴力の防止」というタイトルで学校での暴力防止のための基準を提示した。国家的なキャンペーンとして現在進められている「安全な学校」は、この提案を受けたものである。

また、厚生省は、危機にある若者の問題の早期発見の重要性に基づき各種のモニタリング・システムを全国展開していると同時に、教育的対応を含めた効果的支援の在り方について、各種の調査を踏まえて政策を打ち出している。

さらに司法省では、青少年非行委員会を中心に、問題少年に対する学校や他の施設による早期の迅速で継続的な対応を確立するための複合的救済システム（教育的視点からみた学校・警察・厚生・司法等の連合組織による問題少年対応システム）が考案され、現在活動中である。これによって、酷いイジメを働いた少年も、学校だけでなく他の機関も含めた総合的支援を受けられるようになった。

この他では、国立保健教育センター（Landelijk Centrum GVO, 1992）が、学校におけるイジメに対処するためのパッケージを開発し、市民に提供している。パッケージの内容は、学校でのイジメ視聴覚教材、子どもの本、イジメ劇のシナリオ両親向けの教材、そして背景的情報から成っている。

また、国内中等学校生徒実行委員会（Landelijk Aktie Komitee Scholieren＝LAKS）では、「理想の学校」のチェックリストを作成し、生徒が自分で自分の学校の様相を計り、評定することが可能となるような試みを進めている。

一〇　おわりに

さまざまな取り組みがなされている。これらの取り組みは、着実にその効果を上げつつあるが、しかし、それでも児童生徒の間のイジメを止めることはむつかしい。

イジメ防止の中心は、やはり、どう言おうと学校である。しかし、同時に、その防止は学校だけではむつかしいことも事実である。

イジメを含む子どもの問題行動に対し、ややもすると我々は、その行動を反社会的行動と決めつけ、それを押さえ込むことだけを目標とする。しかし、大切なことは、そうした反社会的行動が産み出される前に、いかにして、イジメる心そのものを否定するような向社会的な行動を子どもの中に創り出し、より強化するかということである。そのためには、今以上に、家族を中心に学校・厚生・司法等の共助体制の確立が求められているといえよう。

［参考文献］　"Pesten in het onderwijs," Nederland : Katholiek Universiteite, Instituut voor Toegepaste Socialwetenschappen, 1992.

6　オーストラリアのイジメ

鳥倉真砂代
日本女子大学大学院博士課程前期

一　はじめに――オーストラリアのイジメ問題を述べるに当って

オーストラリアでは、中学生の少なくとも五人に一人が、週に二度以上の頻度でイジメにあっている(Rigby & Slee, 1996)。いつも間接的なイジメ（言葉よるイジメ）を受けている者が一〇人に一人。仲間による身体的イジメ(殴られたり、蹴られたりする)を受けている者が、一クラス平均して一人から二人いるといわれる。

オーストラリアでのイジメ問題についての研究は、ごく最近行われ始めた。たとえばイジメ研究の第一人者である Rigby と Slee は、一九九三年から一九九四年にかけ、南オーストラリア、ヴィクトリア、ニューサウスウェルズ、クウィーンズランドにある学校一六校の八、五〇〇人を超える生徒を対象に調査を行った。彼らのこの研究が契機となって、その後、オーストラリアの人々のイジメに対する関心は、急速に高まっていった。

本章では、Rigby & Slee の調査研究を踏まえながら、オーストラリアのイジメ問題について俯瞰していきたい。

二　イジメ問題の現状と基本的態度

1　イジメ問題の現状

オーストラリア社会における子供を取り巻く環境の変化には、急激なものがある。こうした社会変化を受け、イジメも大きく様変わりし、新しいイジメの問題が起こってきている。

たとえば、イジメは、多くの場合、力の強い者が弱い者に対し、まったく正当な理由なしに圧力を繰り返し与える「理由のない暴力」と表現される。今日のオーストラリアでは、イジメ問題は、もはや奇妙な強迫観念やジョークではなく、実際に学校で生徒たちの間に起こっている凶悪な暴力なのだ。

一つの驚くべき事件を紹介したい。小学校に通う八歳の少女が自宅で自殺未遂を図った。彼女は、先生たちに多動児であると見られており、学校での彼女の行動は、クラスメートや先生たちに異常であると見られていた。そのため、彼女は、自分のしたいこと、考えていることをクラスメートや先生たちに理解してもらうのが非常に難しかった。そのことは、彼女にとって同じ年齢の子供たちに比べ、自分は駄目な人間なんだというフラストレーションをますます感じさせる原因となった。そういうことにより、彼女は、小学校で女子の集団による嫌がらせを絶え間なく受けてきた。この止むことのない嫌がらせが、彼女の自殺の大きな原因となった。

日本でもこの事件と同様、少年がイジメを理由として、自殺を図っている。イジメによる自殺という事件は日本だけの現象ではない、ということをこのオーストラリアの事件は教えてくれる。

2 オーストラリアにおけるイジメの対応

オーストラリアの学校では、一九九〇年ごろから、「即効性を持つ」解決策を押し進めてきた。しかしそのため、イジメ問題に対して過度に病理的解釈をしようとする傾向が生じてしまった。イジメを個人の人格的欠陥や生育歴の悪さを原因とする異常行動と解釈する事で、個人の欠陥の治療に関心が向けられてしまったのだ（Rigby，1996）。

こうした過去の対応に対し、最近では、イジメ問題を単に子どもたちの問題行動に焦点を当てるだけでは、よりよい結果は導かれないということが明らかになってきている。イジメ問題を解決していくには、「子どもたちに今何が起こっているのか」というイジメに対する正確な認識が必要である、ということが現在オーストラリアでは強調されている。

3　メディアの影響

現在のオーストラリアにおけるメディアの報道によると、今後ますます少年たちの間では、暴力と非行がエスカレートするであろうと診断されている。こうした少年問題は、大人たちの手におえなくなってくるのは間違いない。またイジメもこうした状況をうけて、ますます混乱していくであろうとみられる。しかし、Rigby は、メディアが流す情報をそのまま鵜呑みにしてはいけない、と注意をよびかけている。なぜなら、事態の重大性が理解できず、イジメの存在を見抜けなかったり、事実を軽視する傾向が生じてしまうからである（一九九六）。

こうした Rigby の考え方を踏まえてみると、オーストラリア社会では、「学校で今何が起っているのか」「イジメとは何か」という基本的な事柄について、国民一人一人がイジメに対して正しい理解をすることが強く求められていることは間違いない。そしてよりよい解決に向けて努力していくことが今、オーストラリア社会で求められている。

4　イジメへの基本的態度

イジメの行為の中に隠されている被害を外部から測るのは難しい。周囲の者には二人の子どもが単にふざけあっているように見えていても、実は一方の子どもは、非常に傷つけられているということもありうる。たとえば、「にらむ」という行為は、一方では、たいした影響を受けていないかも知れない。しかし他方では、耐えがたい苦痛を味わっていることもある。もし攻撃をする者が、ある行為によって相手を苦しめ、その相手が止めてほしいと願っていることに気づいていても、さらに攻撃を続けるならば、それはイジメである。もしかすると、イジメを受けている者は、かなり神経質で、被害意識が人一倍強い性格であるかもしれないと思っていても、イジメが許されたり、認められたりする理由にはならない（Rigby, 1996）。

オーストラリアでは、イジメ行為は断固として許されない、という姿勢を取っている。

三　オーストラリアのイジメの定義

1　オーストラリアではイジメの定義をどの様にしているか

イジメの定義は、国により様々であるが、オーストラリアでは、ノルウェーのD. Olweus（一九九三）とイギリスのP.K. Smithのイジメの定義を用いる。それは「より強い個人や集団からより弱い者に向けられた、長期にわたって繰り返される身体的、言語的、心理的な抑圧」というものである。ここでいう「強い者」とは、単に身体的に強い者だけではなく、精神的に強い者、たとえば頑固、あまり神経質ではない、人を平気でだましたりできるという者も含む。またけんかに強く、さらに人の欠点を指摘するといったよく発達した言語能力や達者な舌を持っている者もいる。

しかし、イジメが大きく社会の注目を集めるようになったことにより、個人に対する攻撃や非難、苦痛を与える行動全てが、イジメであると認識されやすい現象を生むこともある。子供たちが集まれば、そこには一つの社会が形成され、子供同士の自己主張があり、当然自我の衝突が生じることもある。これは、イジメとは異質のものである。

そこで、イギリスのP.K. Smithは「同じ力関係の二人の戦いやけんかはイジメではない」。すなわち「不平等な力関係のものをイジメとする」と定義をしている。たとえば、傷つくような名前を呼ぶ、人が嫌がるやり方でイジメる、理由もなくイジメる、恐がらせる、ぶったりキックしたりするという直接的・間接的な方法の、また精神的・身体的なイジメも含む。

2　アビール・カレッジでのイジメの定義

メルボルンにあるアビール・カレッジでは、イジメ政策の説明の中で以下のようにイジメの定義を述べている。

「イジメは誰かを困惑させたり、痛みを与えたり、不愉快な気分にさせる攻撃的な行動であり、様々な形を取りうる。たとえば身体的なもの、言葉によるもの、ジェスチャーによるもの、ゆすり、仲間外れにするという形である。イジメは力の乱用である。イジメは、計画され、組織化されている。時には、意図的でないものもある。イジメは、個人や集団が関わりあっている。」（一九九六）

この定義は、被害にあう生徒の行動や状況を扱ったものであり、「イジメは力の乱用であり、意図的あるいは無意図的なものである」とはっきりと述べている。

3 Rigbyによる「イジメ」の捉え方

Rigbyは、イジメには「悪意のあるイジメ」と「悪意のないイジメ」があることを指摘する(一九九六)。「悪意のあるイジメ」とは、意識的に誰かを傷つけようとするイジメを指している。しかし実際には、すべてのイジメに悪意があるとは限らない。そこでRigbyは、無意識にイジメをすることを「悪意のないイジメ」と定義する。たとえば、この「悪意のないイジメ」には、敵意がない。「悪意のないイジメ」をはたらく子どもは、大人から見ると親切な子どもや魅力的な子どもに映ることもある。しかしその行為に、悪意があろうがなかろうかということは、被害者にとっては問題ではない。たとえ何であれ、傷つけられたことは事実である。

「悪意のあるイジメ」を以下のような七つの要素により定義している。

① イジメっ子は、誰かをイジメたいと思う願望をもっているが、この願望は異常なことではない。我々のすべてがこのような願望をもっているとは言えないが、時々そのような衝動にかられる。例えば自分の気に入らない人がいる時にはこの願望はちっとも不思議な感情ではない。しかしこのような誰かをイジメたいという願望を多くの人々は抑制することができ、少なくとも罪のない人や無防備な人に対してそれを外に出さないようにすることができる。

② ところが以下のような要因によってその願望が行動にあらわれる。第一に、イジメたいという願望が強く、またそれがずっと続く。第二に、けんか好きな家族や仲間集団の中にいる人々からの影響を受ける。第三に、比較的咎めなく誰かをイジメる機会がある時である。

③ また攻撃的な行動がイジメであるかどうかはイジメられる側によって決まる。イジメは自分自身を守ることが出来ないイジメられる子の感情を考慮せずに定義することはできない。

④ そして、力が強い者やグループによるイジメは力が弱い者にむけられる。イジメが生じるのは仲間同士の間に力のアンバランスがあるからである。子供たちにとってこの力のアンバランスは個人間の身体的・精神的な強さのちがいであったり、集団と個人との間の身体的・精神的強さのアンバランスである。

⑤ 正当な理由がなく、力の強いものが誰かを無理矢理おどしたりといった強制的な行為をイジメとよぶ。

⑥ さらにイジメっ子がイジメるのにうってつけの、抵抗しないイジメられる子を見つけたとき、イジメは一回限りの時もあるが、一般的に何度も繰り返される。

⑦ イジメは弱い者を服従させることが本質的な要素であり、イジメっ子はイジメをすることを楽しむ。

四　イジメの発生状況とその問題性

1　イジメの調査

イジメに関して、一つの調査がなされた。データは友人関係質問紙（ＰＲＱ）を用いて収集された。この質問紙は、Rigby と Slee が教師の要望に応えて、学校で発生するイジメの内容と程度を測定する標準化された方法として開発したものである。ＰＲＱは統計学的に検討されたもので、イジメをはかるための自己申告尺度として妥当性・信頼性のあることが明らかになっている。

2　発生状況と問題性

①　イジメの形態　Rigbyはイジメの形態として次のように示している(表1。表は一括して本章末尾に掲載)。

②　イジメ形態別発生状況　「しばしば」体験するイジメの形態のなかで一番多いのは、男女ともに言葉によるイジメである。特に「傷つくような悪口をいわれる」と回答する生徒は、一〇パーセント以上である。次いで「からかわれる」、「無視される」と回答している。身体的なイジメは、比較的少ない。このような傾向は、とりわけ女子に多く見られることがわかる(表2：一九九三年から一九九四年にかけて、南オーストラリア、ビクトリア、ニューサウスウェールズ、クウィーンズランドにある小中高学校一六校、六、〇〇〇人の男子と二、五〇〇人の女子を対象に行われたもの)。

③　イジメと年齢　共学の学校で「少なくとも週一回」イジメを受ける一〇歳から一二歳の生徒たちは、年齢が低いほどイジメられる割合が高くなっている。また生徒たちが中学校へ上がる時、イジメは顕著に増加することがわかる(表3：南オーストラリアの共学の小中学校、二、三二八人の男子と一、九〇一人の女子を対象に行われたもの)。

また、「時々あるいはそれ以上」イジメを受けると回答した生徒は、年齢が上がるにつれてイジメの形態が変化している。男女共に年齢が上がるにつれ、言葉によるイジメが増加し、身体的なイジメは減少する。仲間外れにするといった間接的なイジメには、年齢による差はあまり見られない。男子と女子とでは共通点はあるが、比較的女子のほうが間接的なイジメの割合が高く、男子のほうは、身体的なイジメの割合が高いことがわかる（表4：八、〇〇〇人の男子と四、〇〇〇人の女子が対象）。

④ 集団によるイジメと個人によるイジメ　「いつも」イジメを受けると報告する子どものうち、男子のイジメられっ子は、集団よりも個人によるイジメを多く受けると回答している。しかしRigbyは、イジメっ子の背後にはイジメを促進する集団があると指摘する（一九九六）。一方、女子は集団によるイジメを多く報告する傾向がある（表5：南オーストラリアの共学の小中学校が対象）。

⑤ イジメと性別　男女共に、学校で「時々」異性よるイジメを受けるということを報告している。男子の約三一パーセントが女子によって「時々」イジメられるといい、女子の約七六パーセントが男子によって「時々」イジメられると回答している。また女子の約二四パーセントが「いつも」男子によってイジメられると回答する。しかし、男子は「いつも」女子によってイジメられると報告する者は、女子に比べてわずかである（表6）。

［イジメと性別の特徴（Rigby）］

ⓐ 八歳から一七歳の生徒のうち、少なくとも「毎週」仲間によってイジメられると報告する小中学生は、男女共に一八パーセント以上である。いくぶん男子のほうが多いが、中学生になるとこの男女差は大きくなる、またイジメの種類も異なってくる。

ⓑ どの年齢においても女子は、男子に比べて身体的イジメは少ない。しかし間接的なイジメをより多く受ける傾向がある。言葉によるイジメの頻度は、男女共にほとんど同じ割合である。

ⓒ 集団によるイジメは、女子は男子に比べて多い傾向がある。
ⓓ 共学の学校の女子は、男子によるイジメを受けるものがかなり多い。
ⓔ 男女共に年齢が上がるにつれて、全体的にイジメられる割合は減少する。身体的イジメは、他の嫌がらせの形と比べて徐々に減少している。しかし言語によるイジメは年齢と共に増加している。間接的なイジメは変化が見られない。
ⓕ 男子は女子よりもイジメられる割合が高い。また、男子は女子に比べてイジメっ子が多い。中学高校では、男女共に年齢が上がるにつれてイジメは減少する。女子のイジメが減少する傾向は、男子よりも早い時期にみられる。
ⓖ 大半の男子は、イジメられっ子にとって自分たちの学校は危険な場所であると感じている。また女子は、イジメっ子、イジメられっ子と関係なく一貫して学校は安全ではないと感じる傾向がある。

⑥ 学校の安全性　イジメっ子の攻撃に自己防衛できぬ年少の生徒にとって、学校は安全な場所であるかという質問に、「安全である」と答えたのは男女共にいずれも二〇パーセント以下であった（表7）。

⑦ イジメを体験する場所と時間　生徒たちは休み時間や昼食時間中や教室の外でイジメを受ける割合は非常に高い。また学校の登下校の際でのイジメも多い（表8）。

ⓘ 教室の中でのイジメ――生徒たちにとって教室の中で過ごす時間は一番長い。しかし、教室の中でのイジメの発生率は少ない。なぜなら、教室内では生徒は監視され、集中して勉強をしなければならないからである。また教室でのイジメは、あまり目立たないということもある。たとえば、「嘲る」と

いうしぐさは教師や周りの者には、簡単に気付かれない。また、生徒たちの中には、「冷やかし」を受けるのを恐れて、教師に質問をしたり、質問に答えたりしない生徒たちもいる。

ⅱ　休み時間のイジメ――オーストラリアの学校では、約六分の一の時間が休み時間や昼食時間であるが、その時間は特に監視が甘くなっている。そのため生徒の約九〇パーセントが、この時間に「よく」あるいは「時々」イジメが起っているのを目撃すると報告している。特に悪意のある身体的なイジメが多く生じる傾向がある。

ⅲ　運動場でのイジメ――運動場でのイジメは、多くの生徒たちが認めている。たとえばイギリスのPhillip Sleeが行った調査によると、八歳から一三歳のアデレードの小学生三七五人のうち、約八〇パーセントは、運動場で楽しく遊んでいると報告している。しかし残りの約二〇パーセントの小学生は、運動場で遊ぶことはあまり楽しくないと報告している（一九九五）。

アデレード州の小学校二校に通う九歳から一二歳の男女は、教室の中あるいは運動場でイジメが生じる危険性について次のように回答している。男女共に約二一パーセントのものが、運動場でイジメが生じる危険性が高いと回答し、約一二パーセントのものは、教室でイジメが生じる危険性を感じている（Venu Sarma）。

3　イジメ発生の構造的特徴と問題性

①　加害者・被害者・傍観者の特徴（Rigby）

加害者の特徴：普通の子供よりも体が大きくて強い。また攻撃的で、衝動的、低い共感性、無関心、低い協調性をもつ。しかし、このような子ども達は自尊感情が普通の子供に比べて低くはなく、友達はいる。

被害者の特徴：精神的に他の子供よりも弱く、臆病で自己主張がない。また内向的で低い自尊感情を持っていたり、友達がほとんどいない。

傍観者の特徴：傍観者はイジメられている子を見てさまざまな反応を示す。たとえばイジメを面白がる（「観衆」とよばれる）。また悲しんだり、次は自分がイジメられるのではないかと心配をする。反対に、自分はイジメられている子に対して、何もしてあげられないということを恥ずかしく思っていたり、責任を感じイジメに対して怒りを表す。そしてイジメに対して止めることもせず、無関心である（「傍観者」とよばれる）。

② オーストラリアの調査（ＰＲＱ）によるイジメの加害者と被害者の特徴（Rigby & Slee）（表9）

③ 家庭的影響　今日のオーストラリアの社会では、片親だったり、継父母、育ての親だったりと家庭状況は変化してきている。家庭の構造は、不安定なものとなりつつある（Rigby, 1996）。

Rigby は、南オーストラリアの学校に通う六四四人の若者に調査を行い、イジメっ子の家族背景を明らかにした（一九九三、一九九四）。下記のものは、イジメっ子であると認めた子どもが、自分の家族について答えたものである。

私の家族は私が悲しんでいる時、共感してくれないし、理解しようともしてくれない。

私の家族は家族の問題についていっしょに考えようとはしない。
私の家族はまだ私を子供のように扱う。
私の父は私に無関心で、私を人間としてみとめてくれない。
正直であることが私の家族の中では重要ではない。
私の両親は私の将来の仕事にあまり関心がない。
私たちは家族の中で意見を言うあうことが自由であるとは感じない。
私たちはお互いの気持ちについて考えない。

両親が自分の子どもに対して放任主義であり、無関心である家庭で育つ子どもは、他人へのいたわりや思いやりといった共感性の心が育ちにくい。またお互い協力し合うということがない家庭の子どもも、自己中心的な幼稚性から脱却できない。このような子どもは比較的イジメっ子になり易い（Rigby，1996）。両親の養育態度は、子供の情緒的発達を阻害し、子供の成長過程でイジメっ子を形成することと深く関連しているということがいえるだろう。

一方、イジメられっ子の家庭は、イジメっ子の家庭と反対の家庭であることが明らかになった。たとえば、家に閉じこもってばかりいたことにより、外界と接触することを学びそこなってしまう子ども、また過保護な家庭の子供もイジメられっ子になりやすい（Rigby，1996）。

また、問題のある家庭は、特に女の子に影響を与える。家族との間に暖かい交流やコミュニケーションがほとんどない家庭で育つ女子は、イジメっ子かイジメられっ子のどちらかになる傾向がある。一方、男子は問題のある家庭で育つとイジメっ子になる傾向があると報告されている。

以上のように、子どもは、適切な保護や監督が欠如した家庭で養育されると、同年齢者に比べて、精神的発達や社会性が育つのが遅くなる。その結果、劣等感を感じたり、自信を喪失してしまう。そこからイジメっ子、イジメられっ子が形成されていくのだろう。

④ 被害者感情・被害者の後遺症

ⓐ 自尊感情の低下――イジメを受けた者は、自尊感情が低下してしまう傾向がある。オーストラリアでの研究によると、イジメられやすいと報告する子供たちは、低い自尊感情を持っていることがわかる（Rigby & Slee, 1996）。

低い自尊感情を持つ者とは、自分自身を誇りに思うことができず、大方の事に対して、自分は失敗をするという強い劣等感をもっている者のことを指す。逆に、イジメを受けていない子どもは、自分は価値のある人間であり、少なくとも他の人たちと同質であると思っている。また大抵の人と同じ能力をもっていて、自分自身に満足している（Rosenberg, 1989）。

一般的に人間は、自分を肯定、信頼し、また他の人をも信頼尊重できる状態の時、最も心が安定した状態となる。また心身ともにバランスのとれた成長ができ、最大の満足感と安定感を体験するといわれている。よって自己肯定ができないものは、他者肯定もできず、常に不安感にさらされている状態といえる。

Rigby と Slee による調査では、「イジメられた後どのような気持ちになるのか」を生徒たちに質問したところ、男子の約五一パーセントと女子の約六三パーセントが「劣等感を感じた」と回答している（一九九一)。自尊感情が低くなる理由として、イジメの場面では、イジメを受ける子は、うまく自分でその問題に対処できないことが深い傷となる。そのように何もできないことは弱虫であると認めることであり、弱虫者は大勢のものにさげすまれるのに値すると思ってしまうからである。

ⓑ 孤独感――子どもたちは、イジメを受けることによって、友達がほとんどいなくなる。多くの子どもたちが、弱虫な者とは友達にはなりたくないと思っているからである。また友達がいないという理由からイジメられることもある。子どもたちは、イジメられている子どもを助けるよりも、イジメるほうが簡単だと思っている(Rigby, 1996)。またイジメを受けた子は、孤独感が深まり、ますます落ち込み、友達をつくろうとする意志もなくなり、そのための努力もしなくなる。

ⓒ 登校拒否――全生徒のうち、男子の五パーセント、女子の八パーセントは、「イジメが原因で学校を休んだことがある」と報告をしている。男子の一二パーセントと女子の一八パーセントは、「学校を休もうと思ったことがある」と報告している。子供たちはイジメを受けることによって、学校を休み、また勉強にも集中できなくなる。イジメを受ける子どもはだんだんと周りの子たちから孤立してくる。不幸なことに、このようなことは、子供の情緒的また社会的発達に影響をもたらす(Rigby, 1996)。

ⓓ 健　康――一九九三年にSleeとRigbyは、アデレードの大きい共学の中学校二校で調査を行った。その結果、イジメは、健康にまで影響を与えているということが明らかになった。イジメを受けたことのある生徒は、全生徒の一五パーセントを占めており、またその生徒たちは、健康状態を報告するテスト(General Health Questionnaire)を受けた。このテストには、二八の質問があり、それに答える

ことによって最近の健康状態がわかるようになっている。身体の病気、心配、社会的機能障害、憂鬱と自殺願望などがわかる。学校で仲間によるイジメを受けている生徒たちは、イジメによって健康状態に悪い影響を受けていると主張する傾向が、イジメられていない子どもに比べて多く見られる。特にこの傾向は、女子の方に顕著に見られる。また学校の欠席率が高いという傾向が見られる。

五　イジメへの対応

1　家族や友人

①　ニューサウスウェールズや南オーストラリアでのイジメ問題解決法　この土地では、イジメをした子どもとイジメを受けた子どもは、自分たちの家族や友達を交えての話し合いの機会を持つ。そのことによって、問題を解決していくという方法をとっている。自分たちの家族や友達が集まったところで、イジメを受けたことが暴露される。このことにより、イジメを受けた子どもは、イジメられたことをみんなに聞いてもらうことができる。自分の家族や友人に聞いてもらうことによって、イジメを受けたものは、気分的に救われる。一方、その場にいるイジメっ子は、自分の行動を暴露され、とても屈辱的な気持ちを味わう。しかし家族と友人の支えにより、自分の過ちに気付き、反省をし、前向きな気持ちを得ることができる。

②　オーストラリアのクィーンズランドでの実践　Margaret Thorsborne は、学校の生徒たちの間のイジメ問題を解決するために、先のイジメの問題解決法をうまく用いた。イジメをした子とイジメを受けた子

が、自分たちの家族や友人たちが集まっている中でお互いに話し合う。イジメに対する関心を互いに分かち合うということだけでなく、とても感情的な熱の入った話し合いによって、和解をする。その結果、イジメをした子とイジメを受けた子は後に新しい結束力のある関係を築くことができる。

③ イジメ問題解決法に対する批判　このようなイジメ問題解決法が実践される中、この方法に対する批判もある。なぜなら、その方法はイジメを受ける子にとって、屈辱感は不快な感情であり、しばしば悪い方向へ進むこともある。またイジメをした子の家族や友人の中には、イジメは非難するが、イジメをする者に対しては無関心な人もいる。

イジメ問題にとって、望ましい結果を生み出し、効果的な話し合いを進めていくのに必要とされる方法は、一筋縄ではいかない。しかし一番大切なことは、イジメっ子とイジメられっ子が和解をし、イジメっ子は心を入れ替え、よりよい人間関係を築けるよう周囲の者たちが積極的に支援していくことではないか。

2 学校

① ヴィクトリア州の学校教育長による学校政策　この州では、イジメ問題の防止や治療とも関連する政策を施行している。Guidelines For Developing the Students Code of Conduct が規定され、性、人種(色・国籍・民族)、結婚状況、片親の家庭、子供がいない家庭、宗教、肉体的・身体的な障害・損傷を持っている、以上のことを理由として嫌がらせをする生徒たちに対して、停学処分ができるとはっきり述べている。

② ニューサウスウェールズにある The James Busby High School での学校政策　この学校では、一

九九三年に反ハラスメント政策として子供の権利を主張している。

「いうまでもなく子供の権利は包括的な権利であり、文明人によって最も尊重される権利である。」

ここには生徒たちは安全な環境の中で生活をする権利を持ち、学校は、子どもたちの側に立って安全な環境を作っていかねばならないという意味が含まれている。

しかし学校は、すべての生徒の安全性を確保しなければならないというのではない。学校は、生徒たちの安全が脅かされた時に、生徒たちを助け、イジメを防止するために措置を講じる義務があることを認識しておく必要がある（Rigby, 1996）。

③　メルボルンにある Xavier College のイジメ対策　　この学校は、一九九四年にイジメへの対策を開始した。生徒、卒業生、親などによる話し合いが始まり、調査を行うことによって、イジメの実態を認識しようとした。そしてこの調査を基に、イジメへの対策原案が進められた。このイジメの対策によって、Xavier College は、どのような形のイジメも許さない。学校や大学の共同体であるすべてのメンバーは学校の安全を保証し、生徒たちの人間的な成長を促進し、肯定的な自尊感情心を育てるような環境にしようとしている。

このイジメの対策の内容を簡単にみていくと、まず第一に、「イジメとは何か」ということを述べている。そこでは、たとえばイジメには身体的なもの、言語によるもの、仲間はずれにするといった様々なイジメの形があり、また「イジメは力の悪用である」という定義が用いられている。第二に「イジメの実例」を挙げている。たとえばだれかをぶったり、押したり、つばをかけたりする身体的暴力の形や誰かの持ち物を盗んだり隠したり壊したりするイジメがある。第三に「もし我々がイジメられたら、どのような気持ちになるか」

ということを述べている。たとえば、我々はイジメられたらとても混乱し、どう対処していいかわからなくなるだろう。第四に「Xavier College ではイジメを防ぐために何をすべきか」ということを述べている。まず、スタッフに求められていることが述べられている。たとえば学校関係者はパトロールをすることによってイジメを防止しようと努力する。そして「生徒に対する要望」が述べられている。たとえば生徒はイジメの状況に巻き込まれたら断ること。最後に両親に対する要望があげられている。たとえば自分の息子が悩んでいる様子を見逃さないことなど。

以上のような政策の冒頭には、「学校でのイジメは認めない」という説得力のある文が書かれている。いくつかの学校が同じように政策を提示している。しかし、学校は自らの政策を掲げながら、本心を言わず、イジメの中のわずかな面だけを論じているようなこともあるので気をつけなければならない（Rigby, 1996）。

3 イジメ問題解決法の理念

① 人々のイジメに対する意識　オーストラリアでは、人々のイジメを受ける子を守りたいという意識はだんだんと高まりつつある。人々はイジメっ子がこれ以上、他の生徒をイジメないように、また自分にとって満足できる人生を歩むことを望んでいる。また、安全で平和な学校を望んでいる（Rigby, 1996）

② イジメを解決する三つのアプローチ

ⓐ 道徳主義的アプローチ――これは学校の価値観や道徳観を強くはっきりと提示し、何度も繰り返していうことによって、イジメを止めさせる方法である。生徒を学校の価値観に従わせようとする。実

際に南オーストラリアの小学校で適用されている。この方法のねらいは、道徳的強制力を与えることである。その利点は、生徒の感覚に道徳的に正しいということを学ばせることができ、同時に学校の価値観を普及させることができる。しかし欠点もあり、それはイジメっ子の価値観や動機を理解することができないということである。またイジメっ子はこれらの価値観を馬鹿にしたり、さらに見つけにくい方法でイジメを再び行うこともある。

ⓑ 法律尊重主義的アプローチ――この方法のねらいは全てのことを規則にあてはめることである。罰則は、罰掃除・居残り・停学・除籍といったゆるいものから厳しいものまである。これらはすべて学校によって規定される。極端な身体的なイジメや傷害は、その加害者に対して公に告訴される。

ⓒ 人文主義的アプローチ――この方法は、道徳的、規則的にイジメ問題に効果的な変化をもたらすことよりも、カウンセリングなどといった方法を使ってうまく問題を解決していこうとするものである。イジメに関して教化するだけでは、もはやイジメ問題を減少させる効果は見られないということである。しかし学校側は制裁をしなくていいというわけではなく、一つの強制的なイジメ対処法だけでは、あまり良い効果を生み出さないということである。この点では、人文主義的アプローチは、イジメ問題の渦中にある子どものことを理解し、正しく認識しようという体勢でいる。この方法の中心には、イジメっ子とイジメられっ子との間の人間関係を良いものとし、お互いにコミュニケーションを深めることができるようにという考え方がある。

人々はイジメ問題を解決するためにこのようなアプローチを支持するものもいれば、批判するものもいる。

学校では、イジメを解決するためにこのアプローチのうち一つあるいは二つを使い、あるいは全部を混ぜて実践している所もある（Rigby，1996）。

4　コミュニティ

①　セイフティハウス　　オーストラリアでは、一九七九年にセイフティハウスのプログラムを始めた。これはイジメっ子を含めて、イジメを受ける子どもたちを助けるために設立されたものである。オーストラリアでは、現在九万のセイフティハウスがある。これらのセイフティハウスは厳しい基準によって選ばれている。たとえば、セイフティハウスが通学路に設置されているか、常にそこには大人がいるか、そして電話が設置されているかということがあげられる。子どもたちはこれらの場所へ行き、信頼性のある大人に話を聞いてもらい、助けを求めることができる。

②　キッズヘルプライン　　この組織は、少年たちの個人的な悩みや人間関係での悩みの電話を受けている。学校の外に助けを求める生徒にとっては、とても都合のいい機関である。ここには、子ども問題を扱ったことのある経験者や高度に訓練されているカウンセラーがいる。また子供たちは匿名で電話をすることができるので、とても接近しやすく、利用しやすい。

③　ピースプログラム　　これはオーストラリアでイジメを減少させるために、連邦政府が校内暴力調査を行い、開発を進めているプログラムの一つである。ビデオと友人関係質問紙（ＰＲＱ）からなる。

学校をシステムやシステム内システム、たとえば地域社会、家庭、学年、学級、友人グループというように何段階ものシステムから成り立っているととらえ、プログラムも体系的なものとなっている。そしてイジメを減らすための防止策は〝一次〟〝二次〟といった段階の変化として理解することが出来る。〝一次段階の変化〟では、学校でイジメっ子を特定し、その生徒に対処し、イジメられっ子を助ける方法を策定する。たとえば、イジメっ子は争い解決のためのスキルを学ぶために社会的スキルのプログラムに参加させる。一方、イジメられっ子は自己主張について学習する。また子どもたちの学級や校庭での行動を監視する。〝二次段階の変化〟ではシステム自体を変える。たとえば、学校方針の見直しや、いかに現在の対応がイジメを存続・拡大・助長しているかという生徒への調査から問題の理解を深める。学校は態度や認識・信念を変えることによって〝一次段階の変化〟から得られたものとは異なった視点から生徒のイジメを捉えることが可能となる。イジメを助長したり抑制したりするシステム内の、役割や関係の相互作用やコミュニケーションを考えていくのである。システム自体が変化もしくは再編される時〝二次段階の変化〟は生じる。ピースプログラムは〝一次段階の変化〟〝二次段階の変化〟の両方を合わせたものである（Rigby, 1996）。

さらに南オーストラリアではピースプログラムを評価するための調査が二年にわたって実施され、肯定的な結果が得られている（Slee, 1994; Slee, 1996）。例えば「少なくとも学校のイジメの発生率が二五パーセント減少した」、「イジメ防止に対する生徒の知識がかなり改善された」などの防止プログラムの効果が見られる。

④　保護プログラム　これはサウス・オーストラリアのアデレードにあるホーリー・ファミリー学校がピースプログラムを活用しそれを工夫し、実行・評価したものである。この学校の保護プログラムの目的は、たとえばイジメる側にしろ、イジメられる側にしろ、その「危険」があると思われる子どもたちを支援する

ということである。またプログラムは、学校の文化的・人種的混合、欠損家庭や家族変化、生徒の特定の行動上の諸問題などのような点を考慮している。

学校は、生徒に対する一般的なカウンセリング、児童虐待のケースに対する養育スタッフや特別の教育、養育上の補佐を委託する専門機関を選定する。その専門機関の役割は、①子供・家庭を一つの事例として引き受け、②学校に人材を提供することにより、学校を支援する事である。

この様な委託を行なった事例がある。学校でイジメにあい、友達がほとんどなく、最小限の社会的スキルしかもっていなかった五歳の子供がいた。彼は、言語的、感情的、そして身体へのイジメも時折受けていた。保護プログラムの一環として、彼と彼の家族は外部委託機関の一つでカウンセリングを受ける一方で、学校内でも社会的スキルのグループに参加した。一年後には他の生徒も彼と一緒に勉強するようになり、イジメもほとんどなくなった。彼はより多くの友人をもつようになり、きちんと勉強するようになり、自己評価も高くなった。

この保護プログラムの評価として校庭や教室における生徒の行動の全体的な変化が学校全体で認められた。

六　イジメ問題の将来

1　人々のイジメ問題への関心を高める

オーストラリアでは行政は、学校がイジメ防止のために積極的に様々な行動を取ることを奨励し、サポートしている。行政からの支援があることにより、学校は自信をもって規律ある対策をとることができる。またイジメに対する明確な制裁措置を決めることができる。しかしRigbyが指摘するには、小規模な集団や特定の人たちだけがイジメ問題について一生懸命に取り組み、政策や教育プログラムを推進しているにすぎない(一九九六)。

オーストラリアでのイジメの研究の歴史はまだ浅い。しかし今後の多くの研究を通して、多くの人々がオーストラリアの学校のイジメ問題の実態について関心を持ち、周囲の者が、イジメ防止に向けて力を合わし、積極的な活動を行うことが望まれている。

2　イジメの背後にある社会問題

イジメの背景には家庭、学校、社会それぞれの諸要因が複雑にからみあっている。子どもたちは、物質的にも豊かな社会で育てられている。しかし子どもたちのイジメは深刻化している。日本では、学校生活の閉塞感、家庭教育機能の低下、子供を取り巻く地域社会の条件悪化などといったものがイジメ問題と大きく関わっているといわれている。オーストラリアでもイジメの問題は、家庭状況の変化、オーストラリア文化の中の社会変化などが大きく関わっている。今後ますます変化していく社会にイジメ問題についてどう対処していくべきか考えていかねばならないだろう。

3　集団性志向

オーストラリアは、もともと個人主義に重点をおいてきた国である。しかし近年では集団の共同作業の中で社会性を教えるようにしている。集団の一員としてどのように振る舞うべきかを教える。教師は子供たちに対してリーダーとして、サポーターとして集団の一構成員としてどのような役割を果たすべきかを教えている。このグループスキルの訓練は、社会性を養い、集団の一員として対応するということを教えるのに非常に有効となっている（Rigby，1996）。

4 イジメは世界的問題である

オーストラリアのイジメ問題は、多少の差異はあるが日本のイジメと似ていることに気付くであろう。イジメ問題が多発化、陰湿化、長期化することによって、自殺する子どもまで出てくるようになり、大きな社会問題へとなっている。オーストラリアの研究は、九〇年代に入ってようやく研究に着手されるようになったが、幸い人々のイジメ問題に対する意識は高まりつつあり、様々な学校政策が実際に行なわれている。

世界的に見ると、イギリスでは一九九一年から「シェフィールド・ブリィング・リサーチ・プロジェクト」が開始され、防止教育の成果を実証的に追求・研究している。

これを一つのモデルとして、オーストラリアでは「ピースプログラム」が作成された。またカナダ、ベルギーなどの国々が研究に着手している。このように世界各国でイジメ防止策が検討されている。今後様々なイジメに対処していくには、国内だけでなく、様々な国々と手を取り合って、調査・研究し共に解決していくことが大切であると考える。まさにグローバルな視点が必要となってくるのではないかと考える。

表1　イジメの形態

	(直接的)	(間接的)
身体的	ぶつ 足でける つばをかける 石をなげる	自分以外の者に誰かに暴力をふるうようにさせる
非身体的		
(ことばによるイジメ)	ことばで侮辱する ののしる・悪態をつく	誰かに侮辱させる へんなうわさを広める
(ことばによるイジメ以外)	下品なジャスチャーをしたりこわがらせる	持ちものをかくしたりどこかへやってしまう グループや行動から仲間はずれにする

(出典)　Bullying in Australian Schools and What To Do About It.

表2　学生時代に「いつも」体験するイジメの形態 (%)

	(男子)	(女子)
傷つくような悪口をいわれる	12.6	11.5
からかわれる	11.3	10.6
無視される	5.8	9.5
ぶったりけったりされる	5.9	2.9
脅迫する	5.4	3.2

(出典)　表1と同じ。

表3　少なくとも週に1回イジメられるという南オーストラリアの10歳から17歳の生徒の割合

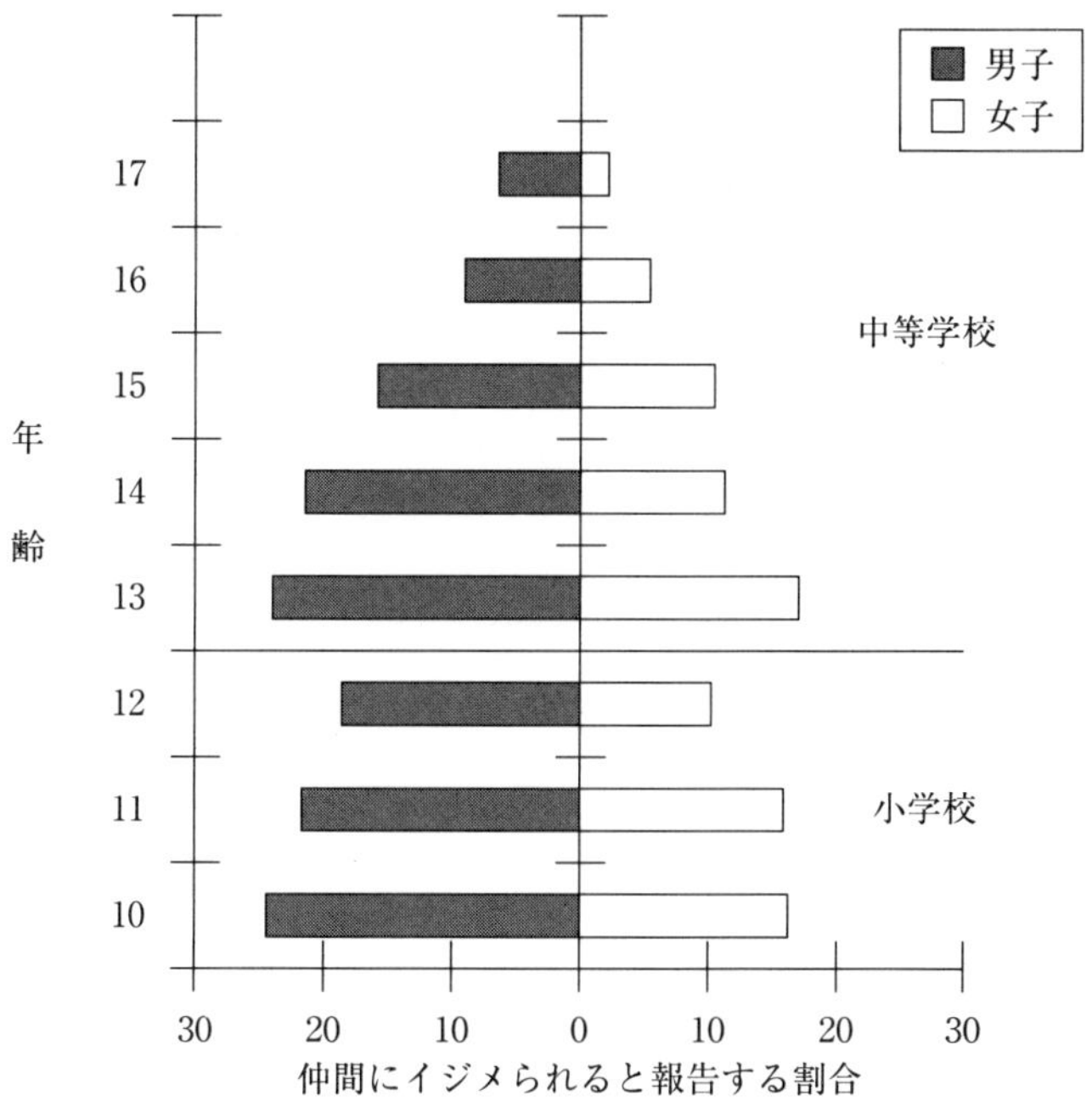

（出典）　表1と同じ。

表4　「ときどきあるいはそれ以上」イジメられると報告される3つのイジメの割合

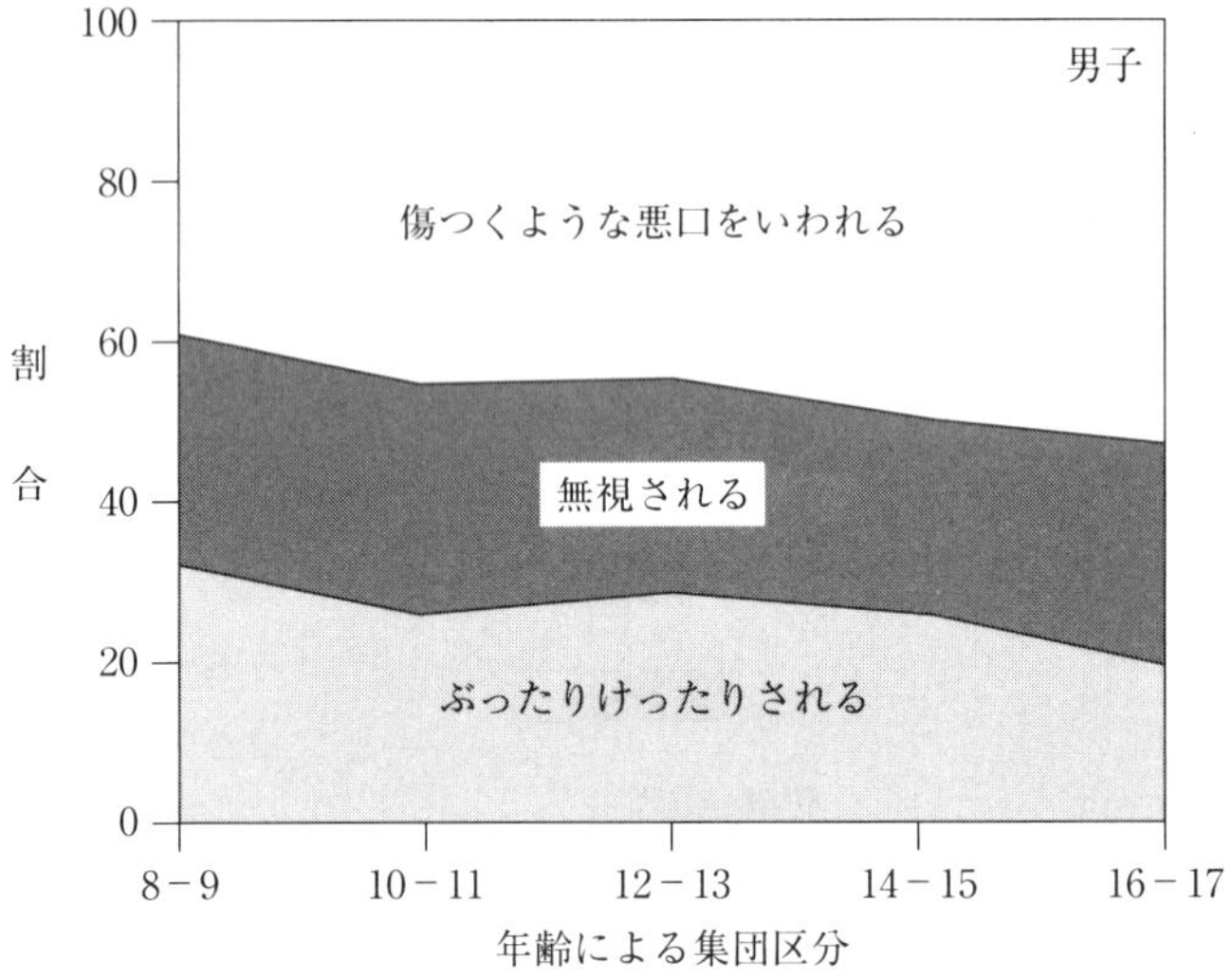

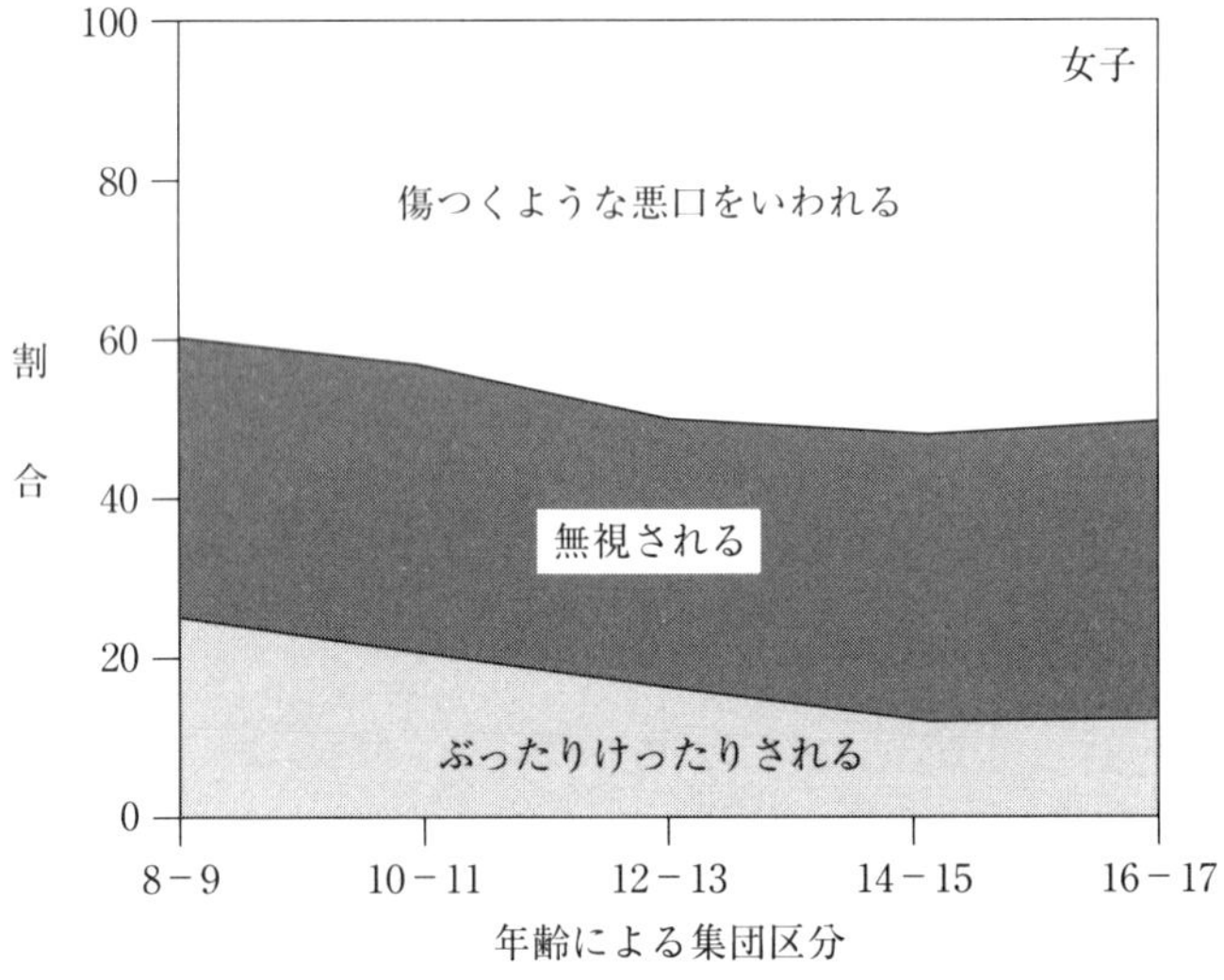

（出典）　表1に同じ。

表5　南オーストラリアで小学校中等学校で個人によってしばしばイジメられるのとグループによってイジメられるという報告する子どものわりあい

	男子		女子	
	個人でイジメられる	グループでイジメられる	個人でイジメられる	グループでイジメられる
小学校	6.9	4.5	5.0	5.4
中等学校	4.4	2.8	2.8	3.6

（出典）表1と同じ。

表6　イジメっ子とイジメられっ子の割合

	いつも男子	いつも女子	ときどき男子ときどき女子
イジメられると報告する男子	69.0	3.9	27.1
イジメられると報告する女子	24.1	24.5	51.4

表7　4つの場所でイジメがおこっていると報告する生徒の割合

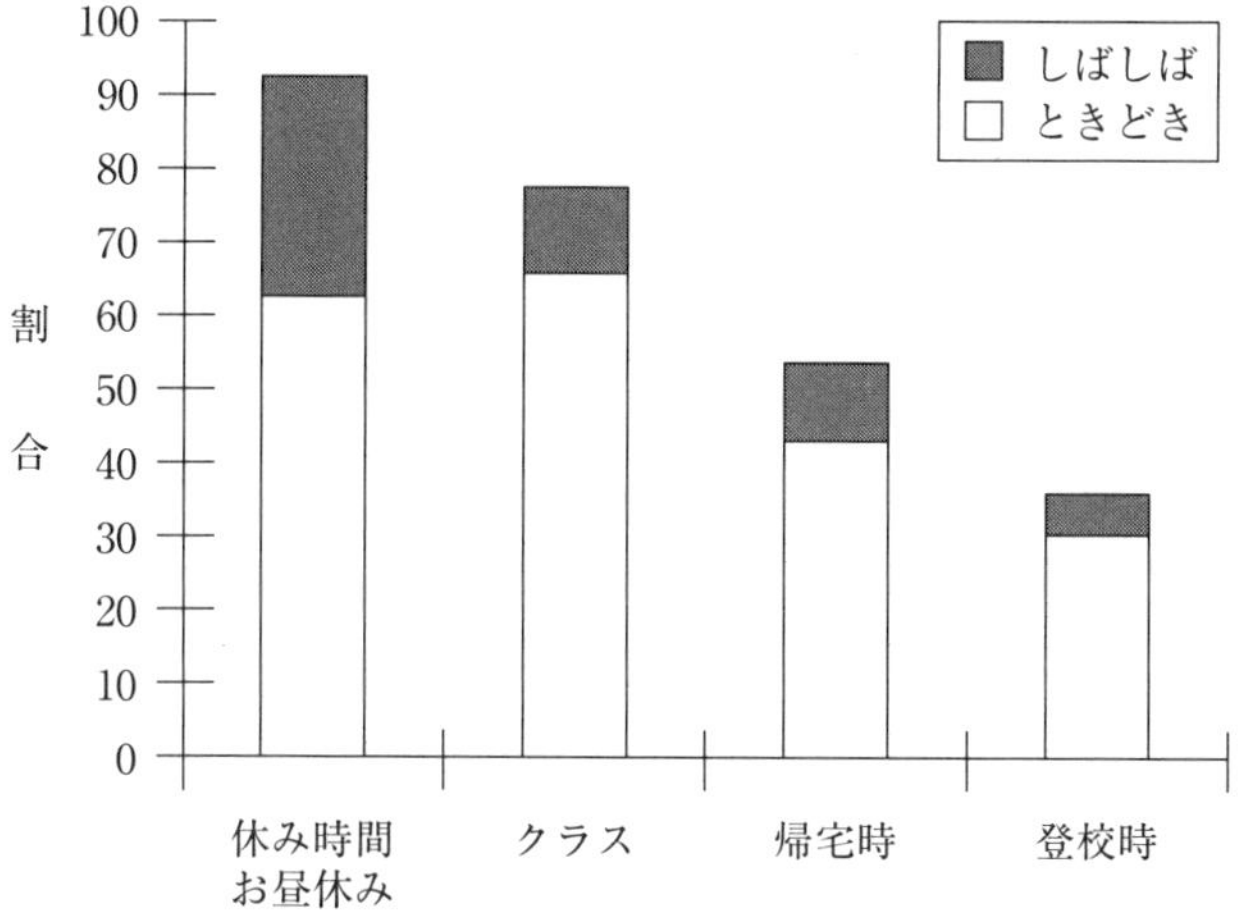

（出典）表1に同じ。

表８　学校は安全だと感じている割合
（男子15,344人，女子10,446人による）

	男　子	女　子
安全だ	18.5	17.9
おおむね安全だ	64.9	68.4
あまり安全ではない	12.4	11.7
決して安全ではない	4.2	2.1
合　　計	100.0	100.0

（出典）イジメ問題 国際シンポジウム。

表９　オーストラリアの調査によるイジメの加害者と被害者の特徴の概観

結　　果	イジメ加害者	イジメ被害者
身体的 社会的	・女子の場合は病弱なのが特徴的である ・平均的な社会的地位にある ・学校で友達が何人かはいる	・おおむね身体は弱い ・他の生徒から拒否されることがよくある ・孤独で学校でも孤立しているのが特徴的である
心理的	・通常学校嫌いである ・通常抑鬱的な性格である ・心配性ではない ・自分を平均的だと評価している ・内面的にも対外的にも気分のコントロールに強い関心を示さない ・争いごとを解決するのが下手なのが通常である	・通常学校嫌いである ・通常抑鬱的な性格である ・心配性なのが特徴的である ・自分を低く評価する傾向がある ・対外的な感情をコントロールするのが通常である ・争いごとを解決することについては普通である
勉学の能力	・自分の勉学の能力を過大評価する特徴がある	・自分の勉学の能力を過小評価する特徴がある
家庭環境	・家庭の絆や家族のサポートがないまま登校することが度々ある	・家族の過度の密着・過保護の傾向を示す

（出典）表７と同じ。

表10　Safety House を必要とするのはいつ？

A Safety House is a place where you go if you feel unsafe, frightened or unsure

（出典） Bullying in Australian Schools and What To Do Aboot It.

表11　ホリーファミリー・カトリックスクールの生徒の生活指導図

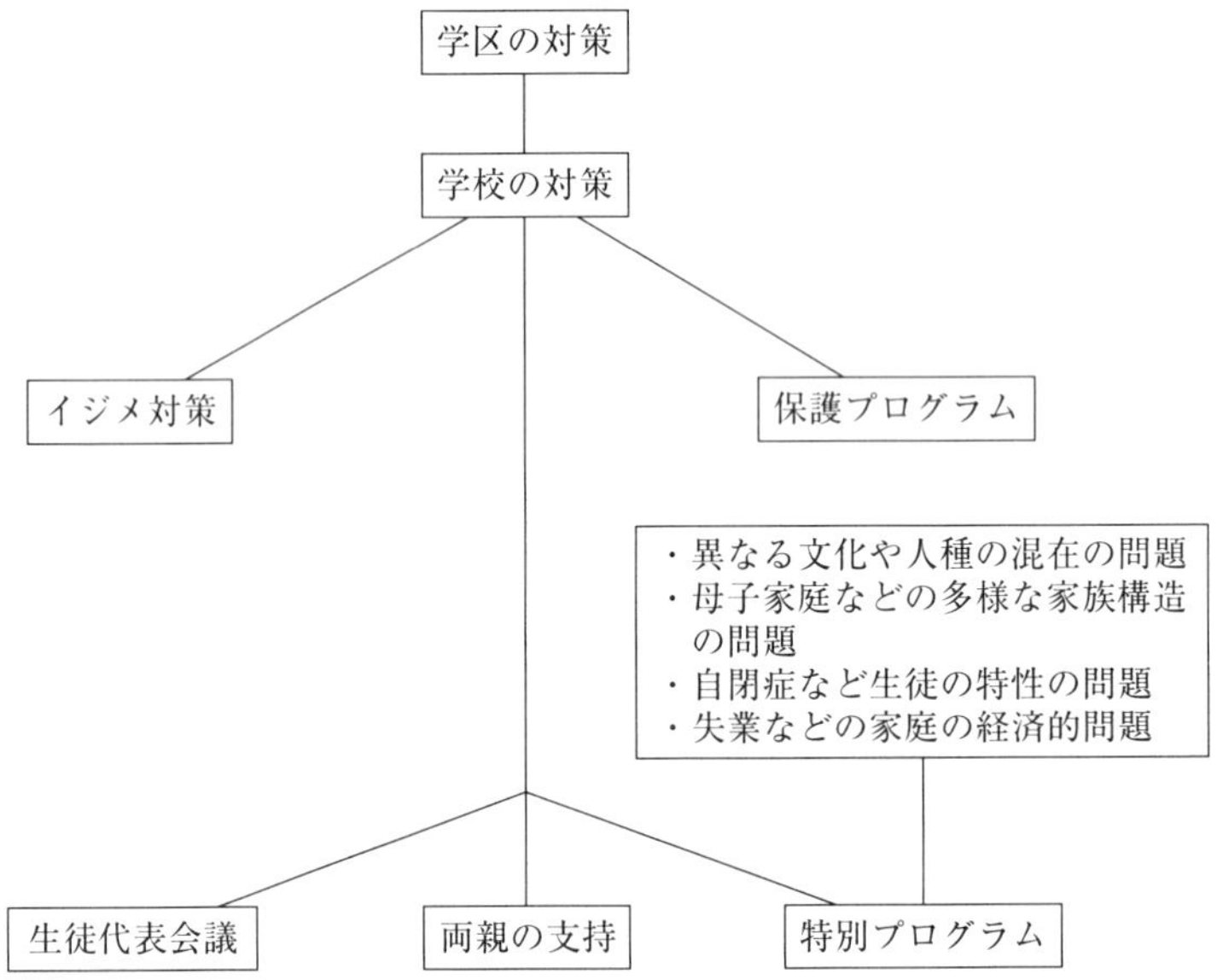

表12　保護の実施過程の概要

1．子どもを特定すること
2．ケアプログラム適用の初期フォームをつくること
3．学校におけるケアグループの会合を開き初期フォームの優先順位を検討すること
4．情報をさらに収集すること
5．両親とケアに当たる人から合意を得ること
6．討議の議題に子どもの名前を追加すること
7．プログラムまたは行動を始めること
8．モニターと評価をすること
（プログラム・行動が子どもの状況を改善する方向で機能している間続けること）

（出典）　表7と同じ。

[参考文献]

Ken Rigby (1996): Bullying in Schools.

Ken Rigby & Phillip Slee: Bulling Among Australian School Children: Reported Behavior and Attitudes Toward Victims, The Journal of Social Psychology, 131 (5), 615-627 (1991).

Ken Rigby & Phillip Slee: Dimensions of Interpersonal Relation Among Australian Children and Implications for Psychorogical Well-Being, The Journal of Social Psychology, 133 (1), 33-42 (1991).

Ken Rigby & Phillip Slee: Australian School Children's Self Appraisal of Interpersonal Relatons: The Bulling Experience, Child Psychiatry and Human Development, Vol. 23 (4)

Phillip Slee:Bulling: A preliminary investigation of its nature and th effects of social cognition, Early Child Development and Care, Vol. 87, pp. 47-57 (1992).

Ken Rigby & Phillip Slee: The relatonship of Eusenck's personality factors and self-esteem to bully-victim behaviour in Australian schoolboys, Person. individ. Diff. Vol. 14, No. 2, pp. 371-373, (1992).

月刊生徒指導（一九九六）緊急増刊いじめ問題最新情報、学事出版

L. FOSTER（吉井弘・訳）：オーストラリアの教育、勁草書房（一九九〇）

7 中国のイジメ

上海華東師範大学教授 桑 標
日本女子大学大学院博士課程前期 陸 樹 芳

一 はじめに——中国のイジメ問題を述べるに当って

一九九六年の朝日新聞に、中華人民共和国(以下、中国)で、ある中学生が友達のイジメに耐えられなくなり、自製の爆弾を体に巻き授業中に起爆させ、自分も含めて何人も犠牲者が出たという記事が載った。事件の原因は、イジメである。もちろん中国のこの事件は、特別の例であるため、中国におけるイジメ問題の一般的な特徴がこの事件の中にあるとは断言できない。けれども、ここには、イジメ現象は国境を超え、学校が存在する国ではどこでも起こりうる普遍的な現象であることが示されている。しかし、イジメ現象は、その国の文化、歴史、社会背景によって、異なる特徴があることは、言うまでもない。中国は、四千年に渡り、栄えてきた悠久の歴史を持つ一方、膨大な人口、また経済改革による発展の不均衡、近代化の遅れによる日常生活上の困難、などの問題を抱えている。

このような社会背景、また中国が現在行っている教育体制の中で、日本でも大きな社会問題になっているイジメ問題は、中国において、どのような特徴があるのであろうか。この疑問に対し、陸らは、中国において実態調査を行い、中国では初めてイジメ問題にアプローチした。そして、この調査で、明らかになったイジメの発生原因を、中国の社会的・文化的背景と結びつけながら分析した。本章は、その分析結果を踏まえてのものである。

二　中国におけるイジメの実態

1　「欺負（イジメ）」調査の枠組

現在の中国では、イジメ現象は、日本や欧米などの先進国と比べて、それほど深刻な問題とはなっていない。しかし、イジメ現象が、確実に学校内外で起きていることは否定できない。このことは、桑及び陸が、一九九七年六月に、中国の代表都市の一つ、上海を調査地とし、中国で初めてのイジメ調査を行ったことによって、明らかになった(3)。

この調査は、上海の標準的な男女共学の中学校から四校を選び、その中から、中学二年生五〇七人(平均年齢一四・六歳）を対象にして行ったものである。

桑及び陸は、調査を行う前に、イジメ問題が中国ではまだ周知されていないことを考慮して、イジメの定義を明記した質問紙を作った。それは、調査対象者のイジメ行為に対する認識を統一させるためである。

そのイジメの定義とは、以下の五つの条件を満たすものである。

① 力の強い生徒、あるいは、力は同じでも複数の生徒が集まった集団が、

② 力の弱い、あるいは、他の生徒から言いがかりをつけられやすい何らかの問題を持つ他の生徒（あるいは生徒達）を対象に、

③ 先生や大人の目に触れにくい場所、あるいは、生徒達だけの集まりの場所で、

④ 言葉や態度、あるいは、行動によって、

⑤ 先生や大人がなかなか止めにくい、繰り返し行われ罰を与えにくい「嫌らしい」行為である。

これまでの中国では、イジメ問題は「子どもの攻撃性の問題」として、主に心理学的な専門研究が行われてきた。そこでは、イジメという言葉は、「攻撃行為」という専門用語（中国語）で表現されている。しかし、その用語は、専門用語であるため、調査対象となった生徒にとっては理解しにくい言葉となっている。さらに、日本の状況にみるように、しばしば「イジメ」は、「攻撃行動」と「非攻撃行動」の中間に位置して、いずれにも判定しがたい状況にある、というのが特徴であり、そうした特徴を「攻撃」という用語で示すのは、不適当と思われる。

そこで、陸と桑の実施した本調査では、イジメを中国語で「欺負（チーフゥ）」と表記し調査に用いた。

本来、「欺負」とは、人を騙す、侮辱するということを意味している言葉であるが、場合によっては、弱者に対して暴力を振るうことや、いたずらなどの意味も有している。また、日常的に子どもたちの間でしばしば使われる言葉でもある。

2 イジメの形態及びその認知率

本調査では、性別、年齢、家族構成、家庭経済状況などについての質問を含めて、二四項目からなる調査票を作成した。その中で、イジメについて、自分はイジメられたり、自分がイジメたり、また、イジメているところを見た経験（認知状況）について質問した。

その結果、半数弱の生徒は、何らかのイジメに接したり、見聞きしたりした経験のあることが明らかとなった。逆にいえば、中学校の生徒達の半数以下でしか、イジメはまだ認知されていない。それは、現在の中国ではイジメがイジメとしてまだ問題化されていないことが原因ではないかと思われる。実際には、イジメ行為現象は、もっと広く存在しているイジメとしてと考えられる。

次に、イジメの形態別について聞いた結果は、表1のように、全体的には「たたく・ける・つねるなどの暴力」と「持ち物をかくす」によるイジメが多くなる傾向にあるが、男子生徒では、「たたく・ける・つねるなどの暴力」が多いのに対して、女子生徒では、「持ち物をかくす」イジメが多くなるという特徴がある。また、ほとんど男女の差はないが、「遊びのようで、一方的になぐったり蹴ったりする」イジメは、男子が女子より比較的多くなっている。

表1　イジメの形態及びその認知率（%）

	中国			日本		
	全体	男	女	全体	男	女
無理矢理いやがることをする	33.3	35.4	31.1	59.1	70.5	47.6
持ち物をかくす	47.3	45.6	49.2	52.9	60.7	45.0
たたく・ける・つねるなどの暴力	47.7	48.7	46.7	55.4	68.5	42.3
仲間はずれ・無視	45.8	46.0	45.5	68.6	63.2	73.9
しつこく悪口を言う	34.7	36.1	33.2	59.4	64.1	54.7
お金やものを取り上げる	18.3	17.5	19.3	11.8	15.3	8.3
遊びのようで、一方的になぐったり蹴ったりする	31.2	36.9	25.0	45.7	69.3	22.1
おどす	29.6	29.7	29.5	20.2	25.6	14.7
着ているものを脱がす	7.3	7.2	7.4	19.6	30.6	8.5

一九八五年に、日本で同様な調査(4)が行われた。日本の結果を見ると、比較的に中国より発生認知率が高いほか、「仲間はずれ・無視」というようなイジメは、ほかのイジメ形態と比べ、全体でもっとも多く占めている（表1）。そして、男子生徒では、「無理矢理いやがることをする」イジメが多いのに対し、女子生徒では、「仲間はずれ・無視」によるイジメが多くなる。中国では、こうした日本的傾向は認められない。

3　イジメの被害者及び加害者の発生率

ごく最近のイジメ体験をとり上げ、その内容を調査対象の生徒に質問した。その結果、全生徒の間でイジメられた経験

表 2　イジメ行為者の発生率

	被害者	被害者・加害者	加害者	観　衆	仲裁者	傍観者
%	3.9	2.2	2.6	4.7	8.9	13.0

（注）「被害者」とは、(1)「イジメられた」と答えた者
「被害・加害者」とは(2)「イジメられたが，イジメもした」と答えた者
「加害者」とは(3)「中心になってやった」(4)「イジメに加わった」と答えた者
「観衆」とは(5)「面白がって見ていた」と答えた者
「仲裁者」とは(6)「止めようとした」と答えた者
「傍観者」とは(7)「何もしなかった」(8)「知らなかった」と答えた者
に対して付与した名称である。

表 3　中国・日本イジメ行為者の発生率の対比　実人数/(%)

	被害者	被害・加害者	加害者	観　衆	仲裁者	傍観者	計
中　国	20 (11.2)	11 (6.1)	13 (7.3)	24 (13.4)	45 (25.1)	66 (36.9)	179 (100.0)
日　本	54 (8.5)	48 (7.5)	127 (20.0)	101 (15.9)	25 (3.9)	281 (44.2)	636 (100.0)

のある被害少年が六・一%を占めていることが明らかとなった（被害者＋（被害者・加害者））。一方、イジメを働いた経験のある加害少年は四・八%を占めている（加害者＋（被害者・加害者））。

さらに、イジメているところを面白がってみていた、いわゆる観衆である生徒が四・七%を占めているが、一方では、止めようとする（仲裁者）生徒が八・九%、何もしなかった（傍観者）生徒が一三・〇%と比較的多く占めていることも明らかとなった（表2）。

日本の調査をみると、被害者は八・五%、被害・加害者が七・五%、加害者が二〇・〇%、観衆が三・九%、仲裁者が三・九%、傍観者が四四・二%とそれぞれ占めている（表3）。両調査における条件はさまざまに異なるが、以下のような中国と日本の差異が指摘できよう。

① 中国では、加害者より被害者の方が多い

のに対し、日本では、被害者より加害者の方が遙かに多くなっている。つまり、中国のイジメは、日本よりも多数の被害者群に同時にイジメが行なわれるのに対し、日本の場合は、中国よりも遙かに少数の被害者群になされている。

② 仲裁者は、中国の方が日本の六倍以上多くなっている。

③ 傍観者は、中国でも、日本でも、生徒たちの間でもっとも多く占めている。

4 イジメの頻度、持続期間及び時間帯

イジメの頻度については、ほとんど毎日のようにイジメられる生徒は少ない。週一回、あるいは、週二―三回ぐらい、イジメられている生徒が多い（表4）。

イジメの持続期間に関しては、ただ一回で終わったイジメがもっとも多い。長期間にわたる者は少なく、一週間や、半月という者が、比較的多くなっている（表7）。

上記のただ一回で終わったイジメ事件は、主に教師の干渉によって終わったものである。また、その他のイジメ事件を阻止したのも教師が多い（表5）。

教師がイジメ事件を阻止したと考えられる一つの原因は、イジメが発生する時間帯にある。調査の結果から見ると、イジメられた経験のあるほぼ半数の生徒は、休み時間にイジメられたと答えた（表6）。つまり、教師に発見されやすい時間帯に生徒たちのイジメは多く発生している、と見られる。もちろん、それは、見ているまわりの生徒の正義感を必要とする。

表4　被害者におけるイジメの頻度

頻　　度	%
1ヵ月1回	19.4
週1回	25.8
週2－3回	22.6
ほとんど毎日	6.5

表5　（イジメ経験）イジメ解決への糸口

糸　　口	%
みんなで話し合う	6.6
教師の干渉	39.7
いつの間にか	22.3
その他	2.2

表6　被害者におけるイジメの時間帯

時　間　帯	%
授業の始まる前	9.7
授業中	19.4
休みの時間	48.4
掃除の時	3.2
放課後	16.1
学校行事の時	0
登下校の時	12.9
お稽古中	3.2
その他	6.5

表7　被害者におけるイジメの持続期間

持 続 期 間	%
1回限り	38.0
1週間位	10.0
半月位	6.6
1ヵ月位	4.8
3ヵ月位	3.1
半年位	5.7
まだ続いている	11.8

5　イジメ行為における人数及び対象

イジメられた生徒においては、一人、あるいは二―三人の同じクラスの子にイジメられている。一方、イジメをしたり、イジメを面白がってみていたりする生徒においても、一人で、あるいは、二―三人で、同じクラスの子をイジメるケースが多い。また、日本と同様、学級を越えてのイジメも存在することが分かる（表8・9）。

イジメの相手だけに注目すると被害者では下級生にイジメられ、加害者においては上級生をイジメるという状況は、ほとんど見られない。

6　被害者におけるイジメられた後の行動

イジメられた後、親や家族の人に相談した生徒の例が、もっとも多く占めている。家庭や家族は、生徒にとって、頼りになるところである。現在の中国では、一人っ子家族がほとんどであるため、両親や家族は、過保護と思われるほど我が子を大切にしていることも影響していると考えられる。先生に相談した生徒は少ない。一方、イジメられた後、仕返した生徒も少なくない。それは、生徒達の高いプライド意識が作用してのことと推測される。その他、イジメられて、がまんした人の割合が多くを占めているのに対し、イジメられて学校を休んだ生徒は一人もいない。それについては、悪質なイジメがまだ起こっていない結果ではないかと考えられる（表10）。

表8　イジメの相手の人数

(%)

	1人／自分	2－3人	4－9人	10—19人	20人以上
被　害　者	41.4	41.4	9.7	3.2	3.2
加　害　者	8.3	16.7	14.6	2.1	4.2
観　　　衆	2.1	27.1	6.3	2.1	8.3

表9　イジメの相手

(%)

	被害者	加害者	観　衆
同じクラス	67.7	22.9	29.2
同じ学年の他のクラス	12.9	10.4	8.3
上級生	6.5	2.1	0
下級生	6.5	2.1	2.1
近所の人	3.2	0	0
お稽古事で一緒の人	0	2.1	0

表10　被害者におけるイジメられた後の行動

	仕返し	先生に相　談	親に相談	家族に相　談	友達の助けを求　め	がまん	学校を休　む	ごまかす
%	16.1	12.9	32.3	32.3	12.9	25.8	0	12.9

7　加害者、観衆におけるイジメをした理由及びそのときの気持ち

多くの生徒は、「その子をイジメないと、自分がイジメられるかもしれないから」と思ってイジメを行っている。そして、「前に、その子にイジメられたことがあるから、自分は、仕返したのである」という理由も多くあげられる（表11）。

以上あげられていた二つの理由の裏には、イジメは、人に苦痛を与えることであるという子どもの認識がある。このことは、加害者がイジメを行ったときの気持ちについて、「相手がかわいそう」という答えが多いことから考えられる（表12）。

一方、観衆である生徒がイジメを面白がってみていた理由としては、「相手に悪いところがあるから」が極めて多いが（表11）、面白がってみていた彼らの多くは、「相手がかわいそう」という気持ちを抱いている（表12）。つまり、これらの生徒達も、「悪いことをした人は罰を与えられるのは、当たり前なことである。かわいそうであるが、仕方がない」と考えていることがうかがえる。

以上の理由の他では、「家が貧乏だから」、「勉強ができないから」、「その子あるいはその子の親が身体的または、知的な障害を持っている」はほとんどあげられていない。

つまり、中国のイジメは、理由があって、正当防衛のような行為に見える。しかし、それは、イジメが発生する本当の理由とは言えない。単に自分がしたあるイジメ行為に対するいいわけにすぎない。そのいいわけの後ろに、イジメが発生する真の理由が隠れているかもしれない。例えば、家庭内暴力や、現代社会の中で、増えてきた冷たい人間関係や、学校が受験勉強のためにしか機能していないことなどと考えられる。

表11　加害者におけるイジメの理由

(%)

	加害者	観　衆
その人にイジメられたことがある	10.4	8.3
相手がわに悪いところがある	8.3	16.7
勉強ができない	4.2	6.3
家が貧乏だから	0	0
イジメると面白いから	4.2	6.3
自分がイジメられるかもしれないから	14.6	6.3
何となくイジメたくなる	6.3	2.1
その子あるいはその子の親が身体的または知的な障害を持っている	6.3	0
その他	4.2	6.3

表12　加害者におけるイジメた後の気持ち

(%)

	加害者	観　衆
気持ちがスカッとした	4.2	2.1
おもしろかった	4.2	6.3
いい気味だと思った	10.4	10.4
またやりたいと思った	4.2	0
相手がかわいそうだと思った	14.6	20.8
いつか仕返しをされるのではないかと思った	4.2	0
先生や親に見つかって叱られるかもしれないと思った	10.4	4.2
後でいやな気分になった	4.2	2.1
何とも思わなかった	6.3	12.5

8　傍観者について

イジメに対し何もしなかった傍観者が生徒の間でもっとも多く占めている。彼らの多くは、イジメをした人が悪人であると思い、イジメられている人はかわいそうな人であると思っているが（表13）、どうしたらいいか分からないという状態にある（表14）。

ただ、もし学校側から彼らが見たイジメ事件について聞かれた場合、彼らは、真実をすべて教えるという意見では一致している。彼らは、イジメ事件を解決する上で鍵となる人物である。イジメ現象がまだ深刻でない中国の状況において、多くの傍観者を中心に、良い雰囲気の学級づくりが極めて大事なことであり、しかもイジメを減らす有効な方法であると考えられる。

9　イジメに対する評価

イジメという行為をまだ認知していない生徒を含めて、調査対象者全員に、イジメ行為に対する考えについて聞いた。男子生徒、女子生徒のいずれにおいても、「たとえ、どんな理由があっても、絶対に許してはいけない」という考え方を持つ生徒が六割近くに達している（表15）。

さらに、イジメに関わっている生徒のイジメ行為にたいする評価を取り出して見ると、被害者・仲裁者の七割は「たとえ、どんな理由があっても、絶対に許してはいけない」という考えを持っている。ところが、実際にイジメに加わった加害者だけを取り出しても、四割近くは、同じような考えをもっている。しかも、加害者の中では、もっとも多い考え方である（表16）。

表13　傍観者の被害者また加害者に対する評価

(%)

被　害　者	かわいそう	その内強くなる	弱 者 だ	何も思わない
	27.7	12.8	23.4	12.8
加　害　者	格好いい	こ わ い	悪 人 だ	何も思わない
	2.1	8.5	38.3	23.4

表14　傍観者における何にもしなかった理由

理　由	%
イジメている側の人が怖がった	12.8
イジメられている人は私がイジメたかった人	2.1
イジメられている人は私と関係ない人	8.5
イジメられている人の方が悪かった	17.0
自分がイジメられるかも	6.4
どうしたら分からない	36.2

表15　イジメ行為にたいする評価

(%)

評　価	全　体	男　子	女　子
イジメたりイジメられたりして強くなるから少し位あったほうがよい	7.5	7.2	7.8
ふざけ半分でやっているのだから、たいしたことではない	8.3	11.4	4.9
理由によっては、弱いものイジメがいつも悪いとはいえない	13.2	12.9	13.5
たとえ、どんな理由があっても絶対に許してはいけない	57.4	57.4	57.4
よくわからない	4.7	2.7	7.0
その他	0.4	0.4	0.4

表16　イジメ行為に対するイジメ関係者の評価

(%)

	被害者	被害・加害者	加害者	観衆	仲裁者	傍観者
イジメたりイジメられたりして強くなるから少しあった方がよい	20	18.2	23.1	26.1	11.4	4.6
ふざけ半分でやっているのだからたいしたことではない	0	9.1	15.4	4.3	6.8	3.1
理由によっては、弱いものイジメがいつも悪いとは言えない	5.0	27.3	15.4	21.7	4.5	23.1
たとえ、どんな理由があっても絶対に許してはいけない。	75.0	36.4	38.5	43.5	68.2	61.5
よく分からない	0	9.1	7.7	4.3	4.5	7.7
その他	0	0	0	0	4.5	0

以上の結果は、中国の中学の生徒は、全体として、十分な正義感を持っており、その正義感は、これからの中国で、イジメを解決または、イジメを減らす良好な基礎条件になることをうかがわせる。

三　イジメの発生に関わる背景要因

イジメは、単に、イジメっ子とイジメられっ子の単純な人間関係だけで発生するものではない。その背景に多くの社会文化的・経済的要因が絡みあって存在する。ここで、性別、家族構成、家庭の経済状況、また、本人の学業成績などといった要素と、イジメがどのように関連するかについてみてみたい。

1　性　別

性別にみてみると、以下の点が指摘できる。

① 男子は女子よりイジメに関わりやすい。イジメの発生率から見ると、イジメられたり、イジメをしたり、イジメているところを面白がって見ていたりする男子生徒は、明らかに、女子生徒より高い。しかし、イジメを見て、何もしなかった生徒は、逆に、女子生徒のほうが多い（表18）。

② 男子には身体的なイジメ、女子には感情的なイジメ、イジメの類型から見ると、男子生徒には、「たたく・ける・つねるなどの暴力」による身体的なイジメが起こっているに対し、女子生徒には「持ち物をかくす」による感情的なイジメが多く起こっている。

表18　性別とイジメ　実人数/(%)

	被害者	被害・加害者	加　害	観　衆	仲裁者	傍観者	計
男	15 (14.4)	9 (8.7)	9 (8.7)	17 (16.3)	25 (24.0)	29 (27.9)	104 (100.0)
女	5 (6.7)	2 (2.7)	4 (5.3)	7 (9.3)	20 (26.7)	37 (49.3)	75 (100.0)
計	20 (11.1)	11 (6.1)	13 (7.3)	24 (13.4)	45 (25.1)	66 (36.9)	179 (100.0)

こうした性別の差異は、以下のことを示しているように思われる。一般的に、男と女は生理的な差をもって生まれる上に、乳児からの成長の過程で、社会から期待されている男らしさ・女らしさという性役割をそれぞれ習得していく。男なら力、意志が強くなければならない。女なら性格が柔らかく、優しくしなければならない。こうした性役割の差が、今日の中国の若い生徒たちの間でも、イジメに関わる男子生徒と女子生徒の行動の差を引き起こしているのではないかとみられる。

2　家族構成

家庭は、子どもにとって、最初の教育環境であり、子どものあらゆる面に極めて大きな影響を与えている。そして、家庭環境の一つである家族構成は、強くイジメに関わっているのではないかとみられる。

イジメ行為は、欲求不満による行為であるという観点から見ると、片方の親だけを持つ欠損家庭の子どもは、親からの愛情が十全ではなく、心理的に欲求不満になりやすいため、イジメに走りやすいのではないかと考えられる。また、今日のイジメは、弱者に対するものだけではなく、異質さを排斥し、同質性を志向する特徴がある。正常の家庭の子どもから見ると、欠損家庭の子どもは、自分と異質性を持っている人間である。欠損家庭の子どもは、イジメの標的にもなりやすいのではないかと一般的に考えられる。

しかし、中国では、欠損家庭の子どもがイジメの標的になるという顕著な傾向は見られない。表19が示すように、イジメ行為の中で、欠損家庭の子どもは加害者や観衆であることの方が比較的多い。

即ち、データから見る限り、中国のイジメ現象は、主に、非核家族の子どもによって、起こされているとみられる。

3　家庭の経済状況

家庭の経済状況の良さによって、子どもの成長・発達に影響がもたらされる。イジメの面においても、その影響が反映されている。

一般的に、経済状況のよい家庭の子どもは、物質的に、他の子どもより恵まれている。彼らは、他の子どもより、優越感を持ち自信がある。けれども、その優越感と自信は、時に、自分と異質な人に攻撃を起こすエネルギーになる。自分と異質な人、たとえば、自分より貧しい人に対して差別しイジメを行い、自分より裕福な人に対しては嫉妬し排斥しようとする。

しかし、逆に、経済状況のよい家庭の子どもが、イジメられっ子になる場合も珍しくない。彼らがイジメられる直接の原因は、彼らが物質的にものを持っているからである。例えば、お金を取られたり、食べ物や遊び費用を払わせられたりすることがある。ということは、彼らは、物質的にものをたくさん持っていること自体で異質な人間であるからに外ならない。

一方、家庭の経済状況が恵まれていない子どもは、物質的にものを持っていないため、他の子どもに差別され、嘲笑されやすいという考えが一般的であり、彼らは、ものをほしくて、しかし持っていないことによって、欲求不満を引き起こして、イジメに走っていくとも考えられる。

調査の結果を見ると、家庭経済状況が「下」の子どもは、イジメられたり、イジメたりしやすい傾向がある。その一方で、家庭経済状況が中あるいは上の子どもがイジメられたり、イジメたりする経験の差は見られない（表20）。

4　本人の学業成績

以上の要因は、ほとんど外界から、子どもに及ぼす要因である。子ども自身の要素に関連があるかどうかについて、本人の学業成績を取りあげて分析してみた。

その結果、学業成績が下位の子どもは、もっともイジメられやすいことが指摘される。また、イジメを起こす主体ともなっている。また、仲裁者や傍観者となるのは、主に成績が上位の子どもである（表21）。

現在の学校教育は、主に学業成績で子どもを評価する。成績のいい学生は、「好学生」（よい学生）と評価され、常に先生、親に褒められる。特に、中国の場合、小学校から高校まで、毎年「三好学生」の選抜を、学級、学年、学校、区、市などのレベルにおいて、それぞれ行う制度がある。「三好学生」というのは、道徳、学業、健康という順番のある三つの方面において、優れている学生のことを指す。しかし、現実には、道徳

表19　家族構成とイジメ

実人数/(%)

	被害者	被害・加害者	加害者	観　衆	仲裁者	傍観者	計
欠損家庭	1 (4.0)	1 (4.0)	2 (8.0)	6 (24.0)	6 (24.0)	9 (36.0)	25 (100.0)
核家族	8 (9.5)	7 (8.3)	4 (4.8)	11 (13.1)	21 (25.0)	33 (39.3)	84 (100.0)
非核家族	11 (15.9)	3 (4.3)	7 (10.1)	7 (10.1)	18 (26.1)	23 (33.3)	69 (100.0)
計	20 (11.2)	11 (6.2)	13 (7.3)	24 (13.5)	45 (25.3)	65 (36.5)	178 (100.0)

表20　家庭経済状況とイジメ

実人数/(%)

	被害者	被害・加害者	加害者	観　衆	仲裁者	傍観者	計
上	3 (10.7)	3 (10.7)	2 (7.1)	4 (14.3)	8 (28.6)	8 (28.6)	28 (100.0)
中	14 (10.1)	7 (5.1)	10 (7.2)	19 (13.8)	34 (24.6)	54 (39.1)	138 (100.0)
下	2 (18.2)	1 (9.1)	1 (9.1)	1 (9.1)	3 (27.3)	3 (27.3)	11 (100.0)
計	19 (10.7)	11 (6.2)	13 (7.3)	24 (13.5)	45 (25.3)	65 (36.5)	178 (100.0)

表21　成績とイジメ

実人数/(%)

	被害者	被害・加害者	加害者	観　衆	仲裁者	傍観者	計
上	6 (8.3)	3 (4.2)	3 (4.2)	8 (11.1)	26 (36.1)	26 (36.1)	72 (100.0)
中	4 (8.7)	2 (4.3)	4 (8.7)	7 (15.2)	10 (21.7)	19 (41.3)	46 (100.0)
下	10 (16.7)	6 (10.0)	6 (10.0)	9 (15.0)	9 (15.0)	20 (33.3)	60 (100.0)
計	20 (11.2)	11 (6.2)	13 (7.3)	24 (13.5)	45 (25.3)	65 (36.5)	178 (100.0)

を筆頭とするという順番にもかかわらず、学業成績がその選抜の前提となっている学校が多いのが現実である。学生にとって、「三好学生」という名誉をもらうだけではなく、将来の進学にもいろいろなメリットがついてくる。

その反対に、成績の悪い学生は、常に先生に叱られ、また、学校では、彼らは、いつも他の学生と区別されて違う宿題や、違う学習補導などをさせられる。このような環境は、彼らにとって、イジメられやすい環境であることは間違いない。

彼らは、「三好学生」と無縁になるだけでなく、「悪い子」というようなラベルをしばしばつけられる。「悪い子」は、悪いことをする子であるから、イジメをしても、まわりの人も驚かないため、彼らのイジメ行為もさらにひどくなる。そして、問題のある非行や犯罪に走っていく。

以上、提示されたイジメと関わる四つの要因は、別々に独立な存在ではなく、相互依存し、相互作用している一つ複雑で大きなイジメ発生の要因を形成している。

（1）「中国の社会的文化的背景」に関するデータは、大塚豊「中華人民共和国」『国際理解教育と教育実践 1 アジア諸国の社会・教育・生活と文化』（エムティ出版、一九九四）、中国大百科全書編輯部編『中国大百科全書—教育』（中国大百科全書出版社、一九八五）、及び上海市智力開発研究所課題組「我が国における各地の九年義務教育の進展情況及び発展水準の比較研究」『教育研究』（教育研究雑誌社、一九九六年第七期）を参考したものである。

（2）陳永明「中国の学校教育」『学校文化の国勢比較 —— 国際教育研究プロジェクト研究報告二』東京学芸大学海外子女教育センター、一九九〇。

（3）この調査は、中国で初めての大きいサンプル数のイジメに関する調査であると見られ、一九九七年六月二四日から三〇日の間に、「あなたの生活についての調査」という調査票を使い、行われたものである。調査用の質問紙は、大阪市立大学社会学研究室が一九八五年に行った「いじめ集団の構造に関する社会学的研究」で使用した調査票及び日本の「児童生徒の問題行動等に関する調査研究協力会議」が一九九五年から行った「児童生徒のいじめ等に関するアンケート調査」の調査票に基づいて、日本女子大学の田中雅文先生と清永賢二先生のご指導の下に、陸樹芳によって作られ、中国語に訳されたものである。そして、調査の実施は、上海華東師範大学心理学科の桑標博士及び同大学の心理学科の学生によって、上海の中学校で行われた。

（4）大阪市立大学社会学研究室『いじめ集団の構造に関する社会学的研究』一九八五。

［日本女子大学　陸 樹 芳］

四　イジメ問題に対する認識

1　イジメの実例

先日、中国のある有名新聞紙に生徒のイジメ問題に関する文章が載った。文章にはこう書かれていた：寄稿者の子ども（生徒）は、自分より学年の高い生徒に何度もお金や玩具などを〝敲〟かれた（ゆすられた）と親に告げた。ある日、高学年の学生にお金を出せと命じられたが、彼がないと言ったら、すぐ横面を殴られ、洋服のポケットも検査された。「敲」（チォウ）という漢字は、とても直観的である。というのは、中国語の中に、特に現代中国語の中に、敲くという本来の意味以外に、「武力を使って、人の物や、財産などをゆする」という意味もある。

教育者である寄稿者は、子どもをどう助けたらいいかと悩んでいる。ゆすりをする者に対処するために、いつも子どものポケットにお金を入れておくか。それは、確かに子どもの肉体的な苦痛がなくなるが、いつまで続くかはわからない。しかし、そうしなければ、子どもが横面をまた殴られるに違いない。もし相手にしないで、逃げればいいではないかと教えたら、子どもは、彼らが私より背が高くて走りも速いから、逃げられるものかと答えた。あるいは、彼らによく理屈を説明するのも一つの方法と考えられるが、彼らが聞かないから、さらに、それ以上に私を殴るかもしれないと子どもは苦笑いで答えた。寄稿者も仕方なく、今度同じことがあったら、学校の先生に告げなさいと曖昧に言った。

2　イジメ問題に対する認識

一九九七年五月に、「いい子」育児科学研究会が、全国において、「いい子たちの喜怒哀楽」というアンケートを実施した。アンケートの内容は、いま一番喜んでいること、怒っていること、悩んでいること、楽しいことについての質問を含んでいた。子ども達に書いてもらった結果から見ると、二二・三%の子ども達は、もっとも怒っていることがイジメということであった。

学校のイジメ問題に対して、子ども、親、教育関係者は、悩んでいる。我々の調査から見ると、イジメをしたあるいはイジメられた生徒の割合が、他の先進国と比べたら、まだまだ少ないが、イジメという現象が存在する限り、イジメ問題に対する社会の関心は集まってくる。

しかし、イジメ現象に対する認識、そして、重視すべきかどうかは、人によってそれぞれである。中国において、イジメ問題に対する認識、態度は、大きく三つに分けられる。

① 第一は、比較的に寛容な認識と態度である。この認識と態度を持つ人たちは、イジメの本質については、ただ子どもの日常活動の中に現れた行為の一つであると考える。

子どもにとって、遊びのような活動は、日常生活になければならないものである。児童期において、子どもの興奮性神経系の発達は、抑制性神経系の発達より先であると心理学者は考えている。そのため、子どもは、多様な活動によって、その欲求を満足させるのが自然である。多様な活動の中で、一人遊びは一つの方法であるが、友達と一緒に遊ぶことも一つの方法である。友達と遊んでいる間に、協力することと共に、競争も存在するのである。つまり、その間に、攻撃やイジメという行為を避けることは、あり得ない。

では、攻撃やイジメのような行為とは何か。寛容な態度を持つ人は、個体のエネルギーが大きすぎた場合、あるいは、何か新しい刺激を求めている時に、誰でも攻撃やイジメ行為を起こしやすいと考える。親や教師は、騒ぐ必要がない。子どもは、仲間とつきあう過程の中に、自分の属している社会の行動や道徳の基準を習得する。これらの行動や道徳の基準は、もちろん許される（プラス面の）行為が含まれているが、してはいけない、許されない（マイナス面の）行為も含まれている。

だから、イジメは、問題的な行為というより、むしろすべての子どもが現してくる特徴的な行為の一つであると考えられる。その行為は、子どもの好奇心と征服欲とに伴って、冗談半分で行われている。イジメは、例えば、万引き（単に面白さを求めてや賭ごととしてスーパーで品物を盗む）、公共物を壊す（街灯を壊す）ような行為と同じように、誰でも試しに、やってみることができる行為である。

② 第二は、比較的に中立的な認識と態度である。この認識と態度を持つ人は、イジメは非行行為であり、ある程度他人に迷惑をかけるばかりではなく、自分も傷つくことになると考える。

学校の教育実践の中から、教育関係者は、イジメっ子は、常にわずか一部の学生であることを指摘している。そしてイジメ行動は、衝動的であり、弱者をイジメることが、その普遍的な特徴であるということを明らかにした。一方、イジメられっ子は、確定できないが、体が弱く、病気がちであり、性格的に強くない子どもがイジメの標的になりやすい。また、彼らは、イジメ行為は、人の個性及び家庭の教育環境と極めて関連していると指摘している。

すべての人間は、生まれた時から他人と違う特性を持っている。その異なる特性は、気質の九つの次元で評価する。適応性、規律性、活動水準、接近—回避性、反応閾、反応強度、心境、集中力の分散度、集中力の持続性である。普通、乳幼児期に、活動水準が高い、冒険や探求が好き、反応強度が比較的に激烈な子どもは、児童期また青少年期に、他の子どもよりイジメ行為を行うことが多い。

人の気質と性格においては、いいか悪いかの区別がない。しかし、子どもの多動性やケンカ好きやイジメたいといったような性格特徴は、現在の社会に執り行われている行動規範、また「よい学生」の基準と合致していない。教育者は学生のイジメ行為を、学校の規則に違反する品行問題と見る傾向がある。そして、実際面から見ると、イジメ行為は、学校秩序の混乱と生徒同士の人間関係の緊張を確実に起こしている。イジメのような行為を抑制することは、当然なことであると教育者は考えている。

前に述べたことであるが、家庭の教育的環境と親の教育方針は、子どもの個性や行動などに大きな影響を及ぼしている。バンデューラの社会学習理論は、「口で言うより身をもって手本を示す方がよい」と指摘している。一部の家庭では、親は常に、ののしる、殴るという手段で、子どもの問題あるいは子どもとの間の問題を解決する。このような家庭の中で成長している子どもは、「強者イコール暴力を使って勝った者である」と覚えてくる。さらに同じ方法を使ってまわりの人間関係の衝突を解決するのも可能であると子どもは考えがちになる。

その他、イジメ問題について、学生の役割の逸脱という解釈もある。個人の行為が、非常に、自分の社会的身分また一般的な社会的期待と離れている現象は、役割逸脱と呼ばれる。個人が役割逸脱を犯す時、彼自身の役割は、社会が彼に期待している一般的な役割と明らかに距離を持ったものとなっている。

たとえば、学校で成績の悪い子、いたずらっ子であると見られるイジメっ子は、社会からの生徒に期待される一般的な役割から逸脱しているとみられる。つまり、イジメっ子は逸脱者である。イジメっ子と日常的に接触しているまわりの教師、親、友達、またイジメっ子自身も、イジメっ子について、通常の学生の概念と違う概念が生じる。さらに、イジメっ子にとって、イジメっ子とラベルをつけられた以上、自分より弱い子をイジメても平気となる。だから、余計に、ひどくイジメを働くようになるのである。
③　第三は、イジメ問題に対する厳しい認識と態度である。この認識と態度を持つ人は、イジメは、極めて深刻な道徳及び社会問題であり、青少年の違法行為と犯罪を引き起こすと考えている。

青少年の違法行為と犯罪問題は、国際的に注目されている問題である。今日の世界では、「環境汚染」、「薬物使用と販売」に続いて、青少年の犯罪は、第三の公害と認められている。中国もその問題について、十分に注目し、多数の研究を行っている。

研究者によると、中国の刑事犯罪の主要な問題は、現段階において、基本的に青少年の犯罪問題である。それは、青少年が刑事犯罪の主体となっているからである。青少年犯罪は、刑事犯罪全体の七割に達している。窃盗、暴力犯罪が増えつつある。集団的な犯罪や犯罪の低齢化は、その主要な特徴である。

犯罪青少年の生活経験、個性の特徴、仲間関係の調査分析を通して、青少年の違法犯罪に関わる心理また行動の要素を明らかにすることができる。

上海での「現代化進展中の青少年問題」の調査によると、非行少年の集団の一般的な特徴として、性別において、男性の比率が女性を大きく超えていることがあげられる。年齢において、過失行為の始発段階は集中的に中学である。早期行為としては、規律を破る行為が多く、自己コントロール能力が低いことが原因とみられる。犯罪の類型においては、主に窃盗行為である。家庭構造の特徴は、欠損家庭また親の教育水準が低いことである。生活地域の特徴においては、生活の質が低い、地域の管理が不十分であることが示されている。

教師の話の中にも、似たような結論があった。教師達は、青少年犯罪に社会という大きな環境要素が関わっているが、個体自身の原因を見逃してはいけないと主張している。彼らの分析によって、犯罪青少年の典型的な特徴は、行動が衝動的であり、自己コントロール能力が低く、よく悶着を引き起こし、まわりの人に気を遣わず、また行動の結果を考慮せず、すべて自己中心的であることが示されている。その具体的な行為が、学校内外で現れたイジメ行為である。

そのため、関係者は、青少年犯罪の原因の一つとなるイジメ行為が、社会問題にまで広がらないように、校内のイジメ問題を徹底的に解決しようと呼びかけている。

以上の三つの主な観点の他に、イジメ行為を自然に現在の社会と経済発展とに関連させる人もいる。彼らは、社会または経済の高度発展につれ、社会的な諸問題が現れてくることは必然であり、イジメ現象はその一つであると考えている。

五　イジメ問題の解決策

中国の学校内のイジメ現象は、他の国と比べて、まだ深刻な問題ではない。政府はその問題について特別な政策や指示などを発表していないし、日本政府のようにイジメ問題の研究として、毎年一二億円の費用をかけてもいない。しかし、イジメ問題が現実に存在する限り、教育者や親などはそれに対処する有効な方法を探し続けねばならない。イジメを確実に減らすための対策と方法を、以下に具体的に述べてみたい。

1　道徳、法規、校則を強化する教育

中国では、道徳規範また行動意識は、何千年もの伝統文化に強く影響されている。その上、現在の政府の

各部門は、民主制度と法律制度の建設を強調し、青少年の心身の発達を重視している。小中学生の行為規範は、規則として明記されている。道徳上でも、法規上でも、校則上でもイジメは許されない、必ず非難される行為である。

そのため、道徳、法規、校則を中心とする教育が、イジメの予防と矯正の第一歩である。しかも、もっとも大事な一歩である。国家教育委員会に定められた学生心得から、各自の学校に規定されている校則にいたるまで、学生の行為に対しては、すでに基準を提示している。親、教師、また地域の社会団体とメディアなどは、それに注目し、できるだけ非行や犯罪行為の兆しを発見し、早いうちに正していくことを望んでいる。

2 よい雰囲気の学級づくり

小中学の段階の学生においては、仲間の影響が極めて大きい。いま日常的に次のように言われている——「幼稚園の時に親のいうことを聞く、小学校の時に先生のいうことを聞く、中学の時に友達のいうことを聞く、大学の時に自分のいうことを聞く」。専門の研究も、仲間の影響は、家庭の影響と並んで、強く個人を左右していることを指摘している。

学級という集団は、相対的に安定している小さな社会環境である。その中の人間関係は単純であり、複雑でもある。単純というならば、みんなが学生であり、同じ身分を持っている。また、複雑と言うならば、みんなはそれぞれの個性を持っている。その中に、さまざまな個人差が現れている。例えば、男女性別の差、学業成績の差、活発な人とおとなしい人の差、気性の差というような個人差があげられる。

学級の中で誰が誰に影響するかは、現在論議のまとになっている。社会的な価値が多様化してきた今日の社会では、子どもは、善いことはなかなか習得できないが、悪いことはすぐに覚える。そのため、正義感を高め、不正の気を取り除けるようなよい学級づくりは、もっとも重要なことになってくる。

よい学級づくりというのは、よい雰囲気を作ることである。その雰囲気の中で、思いやりのある、団結を求め、向上心のある学生は、その模範となり、他の学生と共に勉強し、共に高めあっていくことができる。そして、弱い者イジメをすることは、このような環境の中では、必ずまわりから攻められる。

3　カウンセリングと心理補導

いままで、生徒のイジメ問題に対して、教師は本人に警告したり、多めに宿題をさせたり、反省書を書かせたり、両親に通知したりする方法しか行ってこなかった。しかも、効果は思った通りにいかないのが普通であった。

近年、カウンセリングと心理補導という方法が広く小中学校に導入され、教師が生徒を理解し、生徒の悩みを解決する新しい効果のある方法と見なされている。イジメ問題に対処するときにも、よく用いられている。

カウンセリングと心理補導のもっとも大きな特徴は、ただイジメ問題を解決あるいは制約するための方法を探すだけではなく、イジメ行為の根源に基づいて、よい方法を見つけることである。また、異なるイジメ行為に対する解決方法は違っている。

現在までの研究結果及び教育実践から見ると、イジメっ子はイジメ問題における主な原因である。しかも、イジメっ子は、行動が衝動的であり、自己コントロール能力が低く、よく悶着を引き起こし、まわりの人に気を遣わず、また行動の結果を考慮せず、すべて自己中心的であるという特徴がある。カウンセリングと心理補導は、その特徴にあわせて行う。典型的な措置は以下の二つである。

① 自己コントロールの訓練　それは、イジメっ子の衝動的な行動を緩和し、意図的に自己コントロールを高めるために使われる手段である。その目的は、イジメっ子がよく考えてから行動するという原則を守ることを求め、道徳法規や校則を違反する行為を最低限に抑えることにある。

その具体的な操作過程の中に、指導者によって、生徒は自分自身に簡単なまた固定的な命令をして、徐々に自分の行動を把握し、自己コントロールができるようになっていくことが要求される。例えば、生徒同士である問題について討論する時に、被訓練者が自分の意見や観点をすぐに述べないで、また討論の時に自分の考えを他人に押しつけないように要求されている。そして、五つの順序に従って行動し、自己コントロールを行うことを被訓練者に指導する。その五つの順序というのは、まず、stopping（余計なことを一切停止し、冷静にいること）、次に、seeing（まわりの人と状況をよく見ること）。そして、listening（よく他人の意見を耳を傾けて聞くこと）、さらに、judging（時間、地点に応じて何をすべきかまたどうすべきかを判断すること）、最後に、doing（事情に応じて行動を行うこと）。

その訓練は、行動命令を学生が自分自身の内部から呼び起こすことを求めているので、その行動を繰り返して定着したら、イジメっ子の行動自制力の向上も有望である。それによって、イジメ行為も減っていくのである。

② 役割を演じる（roll play）ことと感情移入体験（empathy） それは、イジメっ子の他人に対する思いやりの感情を高めるために、使われている手段である。一部の学生は、他人の苦しみを自分の楽しみと考えていて、他人を尊敬することや、他人の身になって考えることができない。自分の一時的な快楽を満たすために、人をさんざんイジメる生徒に対して、この方法はかなり有効である。

役割を演じることと感情移入体験というのは、イジメ行為の中に、イジメっ子とイジメられっ子の役割を交換して、イジメっ子にイジメられるのがどんな感じであるかを味わわせることを指す。その方法によって、イジメっ子に反省を求めている。

カウンセリングと心理補導の実践から見ると、目的が明確であれば、また有力な措置をすれば、心理的な訓練と補導は、生徒のイジメ行為を防止し矯正する可能性がとても大きい。

4 思春期の自己保護教育

いま、一部の地区と学校では、中学生の思春期の自己保護教育が強化されている。もしすべての生徒が、自分で自分を守る意識とその方法を身につければ、イジメ現象が減っていくのではないかと考えられている。思春期の自己保護教育の内容は、主に以下のようである。

① 鋭く識別すること（全面的な観察と疑問の再観察など）

② 冷静に判断すること（物事の是非、真実と虚偽、表と裏、安全と危険、合法と違法にたいする総体的な判断。

そして、物事の性質にたいする分析、疑問に対する分析、またそのときの事態の分析と事態発展の予測など)

③ 理性的に自制すること(予想外な金銭にたいする警戒、誘惑を拒否する勇気、困難に乗り越える自信、非行暴力を抵抗する決心、自分の体力と能力の推定など)

④ 自己保護意識を強めること(自尊、自愛、自律)

⑤ 敏捷な自己保護方法(まわりの環境と人に助けを求めること、法律の力で自己保護すること、一人しかいない場合の戦略の選択すること、及び他の臨機応変な対処方法)

⑥ イジメられた後の対処方法と心理的なバランスを取ること

思春期の自己教育の実践は、また時間的に短いが、その方法は、問題の焦点に合致しており、多様な方式で、しかも効果も著しいため、多くの教師に認められ、使われている。

全体から見ると、中国のイジメ現象は確実に存在しているが、先進国と比べれば、深刻ではない。現時点において、イジメ問題は、教育問題あるいは社会問題とは言えない。

社会が発展していくにつれ、ますます激しくなる競争社会の中で、中国のイジメ問題は、どう展開していくのかまだ分からない。しかし、早めにイジメ問題及びその相関要素について研究し、イジメを防止、干渉する措置をつくりあげることは、必ず我々の子どもと社会に貢献をもたらしてくれるであろう。

〔上海華東師範大学　桑　標　(陸樹芳・翻訳)〕

8 韓国のイジメ

李 漢 教
江原大学教授

一 はじめに——韓国のイジメ問題を述べるに当って

イジメの問題は青少年暴力の問題と絡みあって大変深刻な社会問題になっている。韓国では特にイジメだけを取り上げて問題化しておらず、暴力問題の一つとして関心が持たれて来ている。日本の様にイジメは特には深刻でないが、ここ数年、集団的イジメが増加している。そこでの問題は、青少年達が自らこの問題を解決しようとする具体的な努力をせず、生命の尊厳性を考えず、暴力や殺人また自殺という極端な方法をとり、親と教師がその深刻さを看過してきたことにある。

特に学校暴力の変形であるイジメは、暴力より一層複雑な様相を持っており、その原因や対策をたてるのが容易ではない。日本では一九八〇年代からこの問題に関わる研究が進んでいるが、韓国ではまだ学校暴力の問題として調査・研究をしている段階である。

幸いにも一九九六年に発足した韓国少年法研究会のメンバーによってイジメに関する調査・研究・報告がなされており、イジメの問題に対して、地域社会・学校・政府・親などが一層深い関心を持って取りくんでいく状況にある。

二　イジメの現状

中学生を対象とした調査をもとに、韓国のイジメの内容をみると、次のようにまとめることが出来る。まず、その類型を見ると、男子の場合は「遊びのようにお金や物を取り上げる」、「一方的になぐったりけったりする」、「たたく、ける」などの暴力、「仲間はずれと無視」、「持ち物をかくす」、「無理矢理にいやがることをさせる」という順番であり、女子の場合は、「しつこく悪口を言う」が一番多く、次に「おどす」、「持ち物をかくす」、「お金や物を取り上げる」、「遊びのように、一方的になぐったりけったりする」、「仲間はずれ」、「無視する」という順である。男子学生の方は女子学生より肉体的な被害と金品関連被害が多いのに比べて、女子学生は精神的な暴力の比率が高い。イジメについて、男子より女子学生の方が「それは絶対に許してはならない」と考えるのが六七％弱で、相当否定的である。

イジメに対する生徒の位置は、男子の場合、「なにもしなかった」、「おもしろいからからかってみていた」、「イジメに加わった」、「中心になってやった」という者が多く、女子の場合は、「イジメに加わった」と

「イジメられた」場合がほぼ同じ比率であり、その次に「なにもしなかった」、「中心になってやった」、「おもしろがってみていた」という順になっている。

こういう状況でイジメられた場合に生徒はどうするか。例えば、誰と相談するか、誰に助けを求めるのか。男子の場合は「一人でがまんしている」と「先生に相談する」のが高い方で、女子は「友達に助けを求める」、「がまんする」、「学校を休む」場合が多い状況である。

一般的にイジメに対して、次の三つの構造で説明ができる。即ち、①加害者グループ、②被害者グループ、③傍観者グループである。その中で加害者が被害者に対してどう思うかは、男子の場合は被害者を「かわいそう」、「何も思わない」と考えているのに対して、女子の場合は「何も思わない」、「そうなってあたりまえだ」、「かわいそうだ」と思っている。反面、加害者に対する態度は男女共に「悪人である」、「こわい人」と思うのが八〇%以上である。また、加害者と傍観者の心理状態は「かわいそうだ」、「またやりたい」、「おもしろい」と思う者が多く、彼等はイジメながら楽しむ一方、「かわいそうに思う」といったようなアンビバレンツ（Ambivanz）な心理状態にあることがうかがえる。傍観者グループがイジメを見ても何もしない理由は、「自分がイジメられるおそれがあるから」、「イジメられている学生と自分は何の関係もない」、「イジメる学生がこわいから」という順になっており、結局イジメられるのがこわいからといって、自分の身を守ろうとする傾向にあることがうかがえる。

イジメの発生場所は、校外より校内の方が三倍も多く、その時期は年中であるが、特に男子の場合は冬休み、女子は夏休みに多い。男女共に放学（休み中）の時期に多いのは、その時期がバカンスの際で、お金が必要な時期であることを看過してはならない。

三　イジメの原因

1　イジメの背景要因

イジメ（特に学内暴力的イジメ）の背景と原因はきわめて多様多色である。基本的な原因は、人間の誤まった社会化過程の結果だと言える。それは社会化過程で自己抑制・統制及び禁止の訓練がうまく形成できなかったからと診断される。

自己抑制と攻撃性は分離できない心理作用である。自己抑制力と攻撃性との関係で、自己抑制力が強く作用すると、暴力への欲求を避けることが可能である。自己抑制の社会化も、性別・年齢・階層・家庭環境・学校環境・社会環境によって異なって形成される。しかし現代社会の青少年暴力の世界は、質的・量的に非常に進化し、新しく知能犯的な方法が生れてくる反面、これに対応する自己抑制教育は十分でない状態にある。

また、産業化・工業化・都市化及び社会の急激な変化による人口急増と移動、機械化・複雑化する交通、自然汚染等社会構造の破壊もイジメ発生への重大な原因である。

価値構造の混乱及び破壊、人間関係の不信、物質万能主義、社会秩序の不遵守等は、子どもに価値観の葛藤と混乱を持たらし、もっとも人間生活の基本である〝共に生きる〟という共同体意識の欠如と情緒生活の不安を持たらしている。

これに絡みあって家庭のしつけと親の子どもに対する期待感、学校での入試本位の知識偏重教育等が、子どもを非行（特にイジメと暴力）に駆りだしている。

韓国は伝統的な家族形態としては大家族制で、これまで、子どもは自分の親が祖父に対して行う親孝行や行動様式を幼い時から見ながら育ち、結果として親のしつけは特別の努力なしに自然になされていた。それが核家族化された今日では、親の子に対する過保護な態度が一般的になっており、親の意図的なしつけが家庭教育の核心となっている。

2　家庭的背景

人間は誰にも非行・逸脱・攻撃性に対する欲求が潜在しているといわれている。ただ、どのような両親の下で育ったか、またはどのような家庭で社会化過程を身につけたかによって、子どもの暴力要因（イジメ要因）が左右される。健康な家庭から子どもの主体性が形成され健全な子どもの誕生が期待される。しかし、今日では一般的によく言われているが、産業化過程で前述した固有の伝統的大家族制度の共同社会から核家族制度の利益社会へと変化し、これによって国民の主体性は悪化している状態にある。

家族制度と並んで住宅状態の変化も子どもの社会化に悪い影響を与えている。家庭は固有な家庭教育機能を喪失し、豊饒の中で孤独・不幸であり、情緒的にも不安な家庭に転落している。そこで子どもは、不安な家庭から逃げ出し、家庭の外で友達と安定感と幸せを求めようとする。こういう傾向が子どもを路上へと向け、映画館・ゲームセンター等で生活させ、知らないうちに初歩的な暴力やイジメという非行に落ち入るようになる。そして家出・放浪・窃盗等、逸脱・非行・暴力にだんだん深くつながり、学校生活に不適応となり、深刻なイジメをする段階にいたる。

これ以外にも家庭教育機能の弱化、両親のしつけの甘さ、欠損家庭等が子どもの非行の直接要因となり、またイジメを生む間接原因にもなっている。

① 家庭教育機能の弱化　家庭は、家族構成員には安定感の提供、子どもには社会化の機能を持つ第一の教育の場といわれている。過去においては大家族生活によって子どもの教育――特にしつけ・行動様式・人間関係の結び方――がなされていた。また伝統社会では子どもは、現代社会よりもっと共同体的性格が強い家族単位あるいは小規模集団で育った。つまり家庭は人格と人格の出合う場であり、相互作用によって、情緒的・知能的・性格的発達と成長を可能にさせた場所でもあった。そしてこういう機能は韓国特有の倫理である儒学思想に基づいて維持されてきた。しかし、現代の韓国社会では伝統的な家庭は崩壊し、その機能も変化すると同時に、家庭の役割は縮小する傾向を見せている。

今は伝統的社会での家庭教育の機能は、専門教育機関である学校に委任されている。以前の学校教育は、規模は小さいが家庭環境と類似な共同体的性格の教育の場として、子どものために望ましい教育環境になっていた。しかし、今日の学校は、社会が期待する教育本来の機能を充分に遂行していない、と評価されている。そのため、学校の教育と共に家庭の教育が強化されなければならない状態にある。

もちろん、家庭教育は、家庭の子どもに対するしつけを通した社会化機能の充実が一番大事なものである。

② 両親によるしつけ

核家族化と都市化によって大きく変化したのは、親のしつけの甘さである。従来、親が厳格で一方的命令・禁止のしつけが注目されたが、戦後の両親、特に大都市に住んでいる若い両親は一人っ子を中心とした核家族を構成し、子どもを可愛いがるばかりでなく、子どもを過保護にしている傾向にある。両親のしつけによって子どもの性格・品性が形成され行動様式も異なってくる。過保護なしつけは、子どもの自律性・自立心・問題の解決力の欠如を生み、他人に依存的となり、学校と社会への適応力を奪う。逆に、厳格すぎるしつけは子どもに暴力・攻撃性を持たせるおそれがある。以上のことは結局子どもをイジメと結びつける条件となりがちになる。

また両親の体罰・暴力は、子どもの校内暴力・イジメに関わる要因でもある。子どもへのしつけは、一貫性が必要であり、両親の言行一致がもっとも大きい影響を子どもにあたえる。

3 学校の背景

学生達が日常生活でもっとも苦悩している問題は、成績と入試のことである。この問題が、韓国では、他国に比べ、一番高い比率をみせている。

学校環境は、家庭環境と共に学生の社会化過程に大きく影響をあたえ、生徒が問題な子どもになるかならないかを左右する。入試のため成績の向上だけを強調する学校生活に、成績の低い生徒が興味を持つものは何もない。例ば、自分の趣味生活やクループ活動を充分にいかす生活がない限り、成績の悪い学生にとって、学校生活は何も期待できない。級友・先生との関係で疎外感・劣等感が起き、早退や登校拒否を茶飯事にしながら、暴力とイジメに落ちて行くのである。

① **試験と進学**　現代は高学歴時代であり、そのため進学率は高まり、国民の知識水準も上昇し、社会が発展するのは望ましいことである。しかし高学歴社会は富と名誉と成功だけを追求する傾向が盛んになり、利己主義的生活態度を生み出して来ている。これは個人の幸せを害し、様々な非行と暴力を発生させる原因ともなっている。成功のために目指す場所は一流高校・大学である。したがって、試験準備が、級友の中で競争化し激しくなりつつある。

このような教育風土では、就職や進学に失敗した学生は、孤独になり劣等感を持つようになって行く。試験と成績のため学生に求める親の期待と学校の期待は、残酷であり、暴力的でもある。今の韓国の教育は暗記中心・知識中心の教育で、人格とか品性の修練からは遠く離れている。

人間は誰も、特に子どもは長い間、緊張が続けば人格・情緒・身体に障害が起る。子どもは意識的・無意識的にこの緊張から逃げ出して、自分の生活を探すようになる。それが登校拒否や長期欠席、家出などにつながり、暴力とイジメになるのである。

② **教科中心教育の問題**　入試・進学中心の教育・教科書中心の教育は、学生の心身啓発に悪い影響を与える。生徒を評価するにも成績中心に良い学生・悪い生徒または問題な生徒と評価するおそれがある。しかし、成績は低いが共同生活では協同的であり犠牲的な立派な生徒もいる。だが、教科書中心教育ではこの生徒よりは成績の良い生徒が好まれる場合が多い。他方、性格的・情緒的にみると成績が良い生徒にも多くの問題が見受けられる。

結果として、成績の良い学生が成績の落ちている生徒からイジメの対象になる場合もあれば、逆に自分が加害者に立つ場合もある。

③　人間関係の問題

入試と成績、進学と就業的成功という教育環境では、学生と教師、学生相互間の信頼関係は形成できない。学生と教師の関係は、授業に向かう学生への一方的な評価に終わっている。今日の韓国での教師と学生には、心と心の結び、人格と人格の交流が希薄となっている。望ましい子どもや学生の形成のためには、教師と学生間の人間的な厚い情が必要であるだろう。

しかし今の教育環境はこうした関係を阻害している。また交友関係でも競争相対として認識し、真の友情関係を保つことは不可能である。青少年期には、仲間同士が互に話し合いまた理解し易いので、家庭よりは友達を通じて様々な影響を受ける今日の韓国では、この友人関係が大きく歪み、暴力やイジメを産み出している。

4　社会的背景

急激に進んだ都市化は子どもの暴力の量的増加・質的変化に大きい影響を与えている。ここで問題になるのは、相対的貧困、父母の権威の喪失、教育の場からの疎外、生活水準の格差からくる心理的な劣等感・挫折感等である。また地域社会の問題としては、有害環境が掲げられている。

そして社会変動要因は人口移動による住民間の異質性、連帯意識の欠如、個人及び家庭の孤立、共同体の解体等が子どもの社会化と人格作りに大きく影響している。これらもまた、イジメの発生に強く作用している。

① **産業化と地域社会**　我が国の産業の急激な発展は、今までの価値体系を変化させた。例えば自分のためなら他人を犠牲してもかまわないという利己主義が根をおろし、父母に対する尊敬心、友情、隣人愛など、伝統的に守ってきた倫理や道徳心がだんだんと忘れられていくところに、非行やイジメの問題が起きている。それに社会全体も子どもに無関心となり、子どもたちの非行を発見してもその子どもにかかわることによって逆に悪口をいわれるとか、反抗される恐れがあるなどで見ぬふりをする状態にある。

一般的に人々は、社会の規則を守っていこうと努力するものである。それは人々が父母、教師、親友等との共同体的人間関係を保つためである。だが産業化によってこの共同体関係が断絶され、組織の中で疎外されると規則に従わず、暴力とか非合法的な方法で目的を達成しようとするようになる。その結果の一部がイジメである。

② **マスコミと暴力**　感受性が鋭い、模倣性が強い青少年期には、周囲の暴力的環境が大きい影響をあたえる。マスコミの問題ある機能として、ＴＶ、ビデオ、雑誌等が、商業的・煽情的・暴力的・享楽的な内容を競争的に放映・報道しているのも子どもには良くない。特に暴力場面を多くみれば情緒的同一視と共感を受け、そのまねをし攻撃的な行動に出やすい。

③ **有害環境**　享楽産業の繁昌と不道徳な商業主義の金賭け、成人文化の露出は、子どもの感性を刺激する。また不良漫画・ビテオ・ラブホテル・酒場等が学校周辺いたるところで営業中というのも子どもに決して良くない。子どもは不道徳な場面に出あう機会が多いし、ここで起こる暴力に加担する場合もある。

四　イジメに対する解決策

1　イジメをめぐる議論と対策

①　イジメをめぐる議論

韓国では、暴力、特に学生暴力の予防・防止対策が盛んに取り組まれ議論されているが、イジメだけを取り上げて特に問題にしてはいない(一九九八年現在)。それは学生暴力の問題が、国家・社会・家庭・学校の一番深刻な問題であり、十数年前の日本の校内暴力の問題の時と似ているからである。暴力は登校・授業・下校・校外等いたる所でひんぱんに起っているが、その多くは遊ぶための金銭調達の目的でお金を取る方法の一つとしてなされている。その一つとしてイジメの問題も取りあつかわれている状況であるというのが韓国の状態といえよう。

韓国では、イジメだけを深刻な問題として論議をしてはいない。勿論イジメのために学校を退学するとか、登校拒否または自殺までいく場合もないではないが、全部生徒の暴力の問題として取りくんでいる。だからイジメの概念、その範囲、暴力との関係などは、まだくわしく論議する状況ではないが、いずれはその問題を日本のように真剣に取りくんで論議する時代が来ることは間違いない。

②　イジメに対する対策——学生暴力とからんで

韓国では、イジメを含む暴力問題が大変な問題になっている。政府・民間団体が、強力にその対策を立てながら予防運動を国民に呼びかけている。韓国の場合は暴力予防対策がイジメの対策ともなっている。

(A) 政府の対策

一九九五年一二月一日「学校暴力を根絶する」という大統領の指示で長官会議が開れた。この会議で「学校暴力根絶綜合対策」案が出された。この案での学校暴力の原因と問題点は次の通りである。

(イ) 核家族化、共働夫婦の増加、父母の離婚等欠損家庭の増加と、両親の子どもに対する過保護等にみる家庭の教育機能の弱化

(ロ) 入試中心の教育、成績不振学生の挫折感を克復させる多様なプログラムの不在

(ハ) 学生の適性と素質を考慮した体系的進路指導がないため、学校が生活指導の役割をうまく遂行していない

(ニ) 物質万能主義と不健全な広告及び大衆媒体の氾濫、学校周囲の有害環境等による学校暴力を誘発する社会環境の悪化

(ホ) 自分の子どもの安全だけを積極的に追求する父母の利己的な姿勢

(ヘ) 隣人の子どもに対する無関心、また学校暴力に積極的・能動的に対処しようとする社会的雰囲気が造成できていない

この対策を中心とする政府の教育部と法務部及び内務部の対策は次のようになっている。

(教育部)

〈短期対策〉

九五年一二月から九六年二月末まで学校暴力根絶集中指導期間を設定して可視的に表出できる対策を樹

立・推進し、新学年からは安定した学校の雰囲気で生徒達が楽しく学校生活ができるようにする。このため具体的な計画として、以下があげられている。

○ 次官を本部長とする学校暴力追放対策本部を構成
○ 市・道教育庁は副教育監を班長とする学生暴力追放対策班を構成・運営
○ 教育庁と各学校に暴力被害申告センターを設置、運営して被害学生保護と暴力防止活動を強化

〈中長期対策〉

全教員は学校暴力に対する責任を痛感し、特に学力不振・欠損家庭の学生等が学校生活に安定感・自信感を持って生活するように実践中心の人格教育を強化し、学校と家庭そして社会が連携する三位一体の指導体制を構成し、学生暴力が根絶できるよう教育風土を刷新する。そのための具体的計画として、以下があげられている。

○ 各学校では入試中心の教育から〝知徳体〟が調和的に発達できる全人教育の実施
○ 学父母教室運営、学校運営委員会等を通じ、父母達が学校教育に参与する機会を拡大し、学校暴力予防活動を強化
○ 既存の各学生善導団体の活動を強化するための連合会（仮称学生暴力予備自願奉仕者連合会）の結成・運営

〈法務部の対策〉

○ 〝子女を安心して学校に送る運動〟が全国の地方検察庁に組織され、今日では活発な運動をする官・

民の全国組織になっている。

その組織のメンバーは検察・警察・学校・地域公共団体・青少年善導保護委員会等となっている。これに加えて法務部では、全国の市・道に法務部犯罪予防協議会を組織し、暴力予防と善導の役割をしている。

〈内務部の対策〉

○ 学校周囲の安定を民生治安の一次的目標とし、警察力を集中運営。具体的には、以下があげられている

(イ) 学校担当警察制実施

(ロ) 学校周囲に私服警察官配置

(ハ) 有害環境業所浄化

これ以外にもポルノ・暴力ビテオ、映画等の取り締まりは、文化体育部でその対策を取り、保健福祉部、情報通信部等でも各々部の状況にあう対策を樹立している。

(国務総理室の対策　一九九六年一月)

ⓐ 総理室では〝子どものための諸般施策推進計画〟を立て、特に〝安全な学校環境造成のための施策〟を推進している。その重点施策は次の五項である。

(イ) 学校周囲の有害環境浄化

(ロ) 学校周囲の交通安全対策

(ハ) 学校暴力根絶対策

(ニ) 健全な余暇活用のための子ども体育施設の拡充

(ホ) 子どもの嗜好食品の安全性確保

その中で学校暴力根絶対策の今後の計画として、以下があげられている。

(イ) 短期的には、持続的に強力な予防活動と共に、市民団体が自律的に参加する雰囲気を造成する。

(ロ) 中長期的には、根源的治癒のため、実践的人性教育強化と青少年団体の健全活動を支援し、家庭・学校・社会と政府が一緒に対処する方案を推進する。

ⓑ 学生暴力防止に関する法令とその案

(イ) 青少年保護法と未成年者保護法

この法律は九七年七月一日から施行しているがその内容は大幅にいうと次の通りである。

一八歳以下の者に対して酒・タバコの販売禁止、遊興業所の出入禁止（理容院、サウナ等）、図書類の販売店では「一八歳未満購読不可」の有害表示がある書物は購入禁止、ビデオ、レコード、ＣＤ等にも「閲覧不可」あるいは「貸与不可」などの有害表示をつけるのを義務にしている。年齢は一八歳が主となっているが、二〇歳までの場合もある。これ以外に「風俗営業の規制に関する法律」でも青少年の保護を目的にした規制が制定されている。

(ロ) 青少年暴力予防及び根絶に関する特別法制定（案）

この法案は政府案（未確定）を中心に、青少年暴力予防財団が要求している。その主な項目は、以下のようである。

ⓐ 被害者救済及び保護に関する規定
ⓑ 加害者善導に関する規定
ⓒ 暴力被害に対する正当防衛の規定
ⓓ 青少年会館運営に関する規定
ⓔ 校内暴力審判委員会組織に関する規定
ⓕ 教師暴力防止に関する規定
ⓖ 学校社会事業プログラム教師制度（人間関係プログラム、レクリエイション）
ⓗ 家出青少年保護に関する規定

(B) 民間団体の活動

代表的な三つの団体が暴力追放運動を積極的に推進している。

YMCAと基督教倫理実践委員会は、有害環境モニター作業を持続的にしながら子どもを保護している。また経済正義実践市民連合は、学校暴力の問題解決とかかわって享楽文化に対抗する運動を展開している。

一方、青少年暴力予防財団は、青少年保護・暴力防止・イジメ等と直接的にかかわり世論調査、説問紙調査、シンポジウム、出版等学問的な接近と共に実践的な方法もまじえて活発に活動している。本財団は、今後政府が制定する学生暴力防止に関する法案にも、財団が準備した仮案と提言などを政府と国会に提出する代表的民間団体である。

2　イジメに関する社会的認知の今後の変化

今まで述べたように韓国ではイジメを直接に問題として取り扱う場合は少ない。子どもの暴力の問題が深刻でその一態様としては関心を持ち、原因と対策を講究しようとはしている。だが日本のようにこの問題が社会的に大きな関心を呼びかけ政府が積極的にかかわっているような状態ではない。しかし、暴力(イジメを含めて）の問題が日本の校内暴力の問題の時と同じように官・民で問題視されている。だが数年後には今の日本のように韓国でも暴力の一環としてではなく本気になってイジメに取りくむ時代がくることは間違いなかろう。

今までの韓国の非行は、日本より二〇年くらい遅く問題視されて来た。こうした時間のずれを踏まえて考えると、今の子どもの深刻な暴力の問題の後に、もうすぐ、イジメの問題が本格化することは十分に考えられる。

五　おわりに

韓国のイジメは、ごく一部の教師・学者・実務家の関心を得ているにすぎない。したがって、イジメに関する研究もまだ初期段階にも入っていないし、イジメに関する論文とか統計も少ない。李漢教が一九九七年、日・韓・中を比較調査したものが、韓国では最初の統計的資料になる。

論述の中に不明な点が多いと思うが、特に統計とイジメにもっとくわしい記述が出来なかったことをお詫びしたい。

〔参考文献〕

1 車京洙：社会環境と青少年暴力、一九九六。
2 李漢教：韓国青少年のイジメ経験に関する実態調査、一九九七。
3 青少年暴力予防財団：学校暴力。苦しめられる子どものために何をするべきか？ ソウル、ハンウルリム、一九九六。
4 暴力はいやです――学校暴力の予防と指導、ソウル、青少年暴力予防財団、一九九六。
5 韓国青少年対話の広場：なぐられる子ども達、一九九三。
6 韓国青少年開発院：青少年善導方案に関する研究、一九九五。

編集を終えて

編者　清永賢二

イジメが私たちの周りで具体的な問題となり始めたのが、一九八〇年代の始め（昭和五〇年代の半ば）であった。

その当時は、「イジメ」という概念も明確でなく、単なる非行の延長か、あるいは「ちくちくと子どもの心に刺さる困った問題」という理解の仕方であった。まして、こうしたイジメが、諸外国でもほぼ時間を同じくして問題となり始めている、という知識など、どこにもなかった。当時、イジメは我が国に固有な問題だ、としばしば言われていたのを思い出す。

しかし、その後、イジメ問題は、急速に深刻化の度合いを強め、年齢や男女の性差を超え、世代や国境を超え、学問分野を超えた大きな問題となっていった。さらにいえば、今日では、まさに地球的な規模での緊急な社会的解決課題とさえなってしまった様相さえもある。

蓋を開けてみれば、という表現がある。諸外国の状況に改めて目を凝らしてみれば、いずれの外国の国々も、私たちと同様な悩み、イジメの解決困難さに直面し苦悩している状況が浮かび上がる。どの国も決定的な解決方式を持ち得ず、ともかくひたすら対応に取り組む以外にない段階で思い悩んでいるのが実状である。

しかし、考えてみれば、私たちだけでなく、地球規模で人々が思い悩んでいる、と言うことを知っただけでも、一九八〇年代以降の「イジメ学」の進歩はあった、と考えねばなるまい。共通の解決課題に対する文化や社会経済的な違いを超えた共感の輪が広がったということだ。

それだけ、多くの人や知恵やささやかな努力が集まり、いつの日とは明確に断言できないものの、確実にイジメを克服する手だてを皆で作り上げる「イジメ克服ネットワーク」が築かれる一歩が踏み出されたのである。こうした取り組みの歩みは、たとえば、これまで医学的病理の世界で「これはもう解決は不可能だ」と絶望的に言われた病が、地球的な規模での人々の努力によって克服されてきた過程と全く同様である。

今、大切なことは、私たちは、この輪を大切にすると同時に、地球的な規模から発信されるイジメ克服情報を積極的に自分たちの中に取り込んで行く努力である。それは、外国のことだから、というのではない。外国のことだから、そこに私たちでは見通すことの出来なかった新しい試みが在るのではないか、という考えだ。こうした考えを不断に持ち得てこそ、歩みは遅くとも、確実にイジメは克服へと向かって行く。

イジメは克服できるが、今は出来ない。しかし、こうした努力を続ける限り、イジメは確かに克服できる。

私たちが、本書を著した背景には、以上のような思いがある。

私たちが、本書で取り上げた国々は、日本、イギリス、オーストラリア、中国、韓国、ドイツそしてアメリカにすぎない。

これで、「世界のイジメ」を語ることは、ほとんど、不可能である。しかし、ともかく私たちが知らなかった文化や社会経済的背景を持った国々での、「イジメの様相」の一部を、本書からうかがい知ることが可能となる。この上にさらに、ここには取り上げることの出来なかった国々、たとえば、他のヨーロッパの諸国、アフリカの諸国、他のアジアの諸国、中南米の諸国などのイジメも加えられる必要があろう。

私たちが、最終的にこれら世界の国々のイジメ問題の記述を通して知ることは、おそらく、先進国や発展途上国という表現を超えて、人間の差別する心の問題に至るであろう。まさに、イジメは、そうした「人が人を卑しめる心の在りよう」を学ぶために、国境を越えた私たちのいま目の前に在る人間としての教材に他ならない。

本書は、既に四年前に構想され、ほとんどの原稿は二年前に揃っていた。しかし、清永の大学での事情などがあり、遅れに遅れてしまった。

執筆者全員と同時に、本書の刊行を本当に待って下さった信山社の方々、特に村岡侖衛さんには、ここに深くお詫びと大きな感謝の気持を申し述べたい。

一九九九年十一月

イジメブックス
編集委員紹介

*　読者へのお願い　　執筆者と編集者の参考にいたしますので、「ご意見」や「ご報告」を信山社編集部宛に送ってくださるようお願いします。

イジメブックス　イジメの総合的研究　6
世界のイジメ

初版第1刷発行　　2000年1月30日

編　者　清永賢二

発行者　袖山貴＝村岡侖衛

発行所　信山社出版株式会社

〒113-0033　東京都文京区本郷6-2-9-102
TEL 03-3818-1019　FAX 03-3818-0344

印刷・製本　勝美印刷

ISBN4-7972-5136-0　C3337